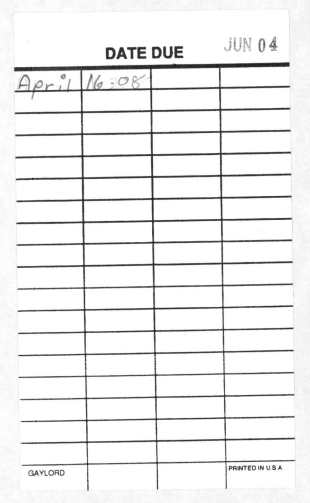

# AUMENTA TU AUTOESTIMA

Dr. Lair Ribeiro

# AUMENTA
# TU AUTOESTIMA

Aprende a quererte más

EDICIONES URANO

Argentina - Chile - Colombia - España
Estados Unidos - México - Venezuela

Título original:   *Auto-estima*
Editor original:   Editora Objetiva, Rio de Janeiro
Traducción:        Aurora Nureddin

© 1994 *by* Suporte Internacional S/C Ltda.
© de la traducción: Aurora Nureddin
© 1997 *by* EDICIONES URANO, S.A.
   Aribau, 142, pral. - 08036 Barcelona
   www.edicionesurano.com

ISBN: 84-7953-486-9
Depósito legal: B- 39.232 - 2001

Fotocomposición: FD Autoedició, S.L. - Muntaner, 217 - 08036 Barcelona
Impreso por I. G. Puresa, S. A. - Girona, 206 - 08203 Sabadell (Barcelona)

Impreso en España - *Printed in Spain*

Dedico este libro a mis abuelos, *in memoriam*, por el papel que desempeñaron en la formación de mi autoestima y de mi sistema de creencias, al hacerme comprender que yo soy la fuerza creadora de mi vida.

La abuela Ana (Manhoca) fue siempre como una madre para mí. Me quería tanto que, si hubiera sido necesario, no habría dudado en sacrificar su propia felicidad por la mía.

El abuelo Geraldo (Papai Adinho), con su sencillez, me enseñó que el universo es un lugar potencialmente abundante y me proporcionó mucho amor y cariño en mis primeros siete años de vida.

La abuela Leonora me enseñó el valor del dinero y cómo hacer que éste trabajara para mí en lugar de trabajar yo para él.

El abuelo Nequinha me demostró con palabras y con actos que lo que nos llevamos de esta vida es la vida que llevamos.

Gracias a estos maravillosos seres humanos tuve muchas alegrías, algunas de las cuales voy a compartir contigo, lector, en este libro, perpetuando la obra que, en cierto modo, iniciaron ellos.

# Índice

1. Introducción.................................................. 11

2. La creencia crea la realidad
   *Se encuentra lo que se busca*........................... 15

3. La construcción del yo
   *Crecer y aparecer*......................................... 21

4. Situarse en el tiempo y en el espacio
   *Trazar la trayectoria*..................................... 31

5. La relatividad al servicio de lo emocional
   *Contrastar para aceptar*.................................. 37

6. Evaluación del patrimonio
   *Destruir, conservar e incluir*........................... 43

7. Liberar al inocente
   *Restaurar la energía vital*............................... 57

8. El efecto Pigmalión
   *Cambiar el estereotipo*.................................... 63

9. La creación del «yo»
   *«Reingeniería» orgánica*................................ 67

10. Actuar en contra de la voluntad
    *Sin derecho a voto* ....................................... 71

11. Las opiniones que cuentan
    *Ver con otros ojos* ........................................ 79

12. Lenguaje, lenguaje y lenguaje
    *Intención con o sin acción*........................... 89

13. Ser lo opuesto
    *La paradoja del no* ....................................... 95

14. Cambiar la ecología
    *El desierto se transforma en bosque*............... 99

15. Yo y mi cuerpo
    *Asumir mi templo* ....................................... 107

16. Aumentar las cualidades para que nadie
    vea los defectos
    *Despertar mi divinidad* ............................... 113

17. Modificar mi destino
    *Hablar con el responsable* ........................... 119

18. Me quiero tal como soy
    *Pensar jerárquicamente*................................ 123

# 1

# Introducción

Hubo una época en este planeta en que el hombre no sabía que si sembraba podía cosechar; cazaba, pescaba y comía frutos silvestres.

Un día, por casualidad, un hombre sembró y descubrió que podía cosechar lo que había sembrado. Se inició así la era de la agricultura. Al hombre le gustó tanto sembrar y cosechar, una y otra vez, que siguió haciéndolo como actividad principal durante unos ocho mil años.

Hace más o menos trescientos años se produjo una gran revolución en el cerebro humano y surgió una nueva era en este planeta: la era industrial. Gracias a las máquinas utilizadas para el transporte y para la producción en gran escala, los conceptos de tiempo y espacio sufrieron una profunda reestructuración en el cerebro humano.

Hace más o menos treinta y cinco años, el hombre entró en la era de la información. Fue una nueva y profunda reestructuración en el proceso de supervivencia y de evolución de los seres humanos en este planeta.

La relación entre el yo, el tiempo y el espacio se acentuó, produciéndose una pérdida de conexión con el yo interior, una división del yo en dos partes: el que vive en el tiempo y en el espacio, y el interior, que trasciende esas dimensiones.

La vida se ha vuelto más agitada y los niños tienen cada vez menos tiempo de serlo. El desarrollo ha dejado de ser orgánico para volverse artificial, bombardeado por informaciones electrónicas de todo tipo.

### En tiempos de transición, preservar no es la solución.

Este desequilibrio produce diversas transformaciones en el yo interior del ser humano, generando como contrapartida varias compensaciones en el yo exterior. Se confunde la *persona*\* con el verdadero yo. Con este nuevo modo de ser en el planeta, la gente olvida la espontaneidad, la creatividad y la alegría de vivir.

La finalidad de este libro es hacer posible que cualquier persona, de forma simple y objetiva, restablezca el contacto con su yo interior, dejado de lado por la tecnología de la era industrial y de la era de la información.

Solamente recuperando su dignidad interior y su espontaneidad, los seres humanos conseguirán reducir su necesidad de autodefensa y de preparación para la guerra. La humanidad gasta cada año 36.000 dólares por soldado y apenas 1.100 dólares por estudiante.

Te invito, y al mismo tiempo te desafío, a un viaje intrapersonal, a lo largo del cual tu yo exterior ampliará su co-

---

\* El autor utiliza este término tal como lo empleaba Jung, en su sentido original latino de «máscara de actor» o «personaje de un drama». (*N. del E.*)

municación con tu yo interior y se restituirá una unidad que jamás debió dividirse.

Los conocimientos que contiene este libro están mezclados y relacionados con poderosas metáforas, capaces de derribar las barreras intelectuales que nos «protegen» contra los cambios y nos obligan a mantener el orden establecido.

Se dice que la única persona que realmente desea un cambio es un bebé con el pañal mojado (y eso sólo cuando el pañal se enfría, porque mientras está caliente no quiere que se lo cambien). La gran mayoría de la gente afirma solamente de boquilla que le gustaría cambiar, transformarse, pero al mismo tiempo existe una voz interior que intenta a toda costa mantener confortablemente congelado lo que ya está codificado en nuestra estructura psicológica.

Bienvenido a este nuevo desafío en tu vida. Puedes estar seguro de que el esfuerzo valdrá la pena. Ve al encuentro de ti mismo, de alguien a quien te encantará conocer.

Hasta hoy el cerebro ha sufrido muchas revoluciones. A partir de hoy, él será la revolución.

# 2

# La creencia crea la realidad

## *Se encuentra lo que se busca*

Observa bien el dibujo de la página anterior. Antes de continuar leyendo, describe con tus propias palabras lo que ves en esta figura. Deja fluir la imaginación, inventa, imagina una historia inspirada por esta ilustración. Escribe lo primero que te ha venido a la cabeza cuando has visto este dibujo por primera vez.

_____
_____
_____
_____
_____
_____
_____
_____

¿Has escrito tu texto? Como ya te habrás dado cuenta, desde ahora este libro también lo escribes tú, por todo lo que vas a pensar y sentir, y por todo lo que vas a anotar o no en las páginas siguientes.

Sí, porque no ganarás nada si lees estas páginas pasivamente, sólo por encima. Este libro no se ha hecho para eso. ¿Quieres gustarte más? ¿Quieres aumentar tu autoestima hasta el punto de transformar tu vida y vivir mucho mejor? Entonces lee activamente, trabaja conmigo en cada página. Si quieres ser el autor de tu personalidad, sé un coautor de este libro.

Vuelve a mirar el dibujo, relee tu texto y observa después cuál de las versiones siguientes es la que más se parece a lo que has escrito:

A) El chico lleva un paquete de un lado a otro y se siente muy feliz porque es un regalo que le ha hecho su padrino. Está caminando; desde la casa de su padrino, se dirige a la suya, ansioso por desenvolver el paquete y jugar. El regalo es un juego con el que soñaba desde hacía mucho tiempo.

B) El trabajador está obligado a cargar bultos pesados todos los días de un lado a otro. Son bultos que no contienen nada útil; sólo se trata de pesos que él está condenado a cargar. Cuando acaba de llevar todos los fardos para un lado, tiene que comenzar a traerlos de vuelta al lugar donde estaban al comienzo.

C) El atleta está haciendo ejercicios físicos, preparándose para una competición olímpica. Ganador de varias medallas en competiciones internacionales, está patrocinado por una gran empresa y es famoso y muy aplaudido por el público. En la escena del dibujo, está haciendo aerobic debajo de una de las ventanas del gimnasio.

D) El sujeto está preso en una celda, cumpliendo cadena perpetua, y se siente muy culpable. Recluido en soledad, considerado un elemento peligroso, está tan convencido de su culpa que no percibe un pequeño detalle: la puerta de la celda siempre queda abierta.

¿Con cuál de estas situaciones te identificas más? Conserva este ejercicio en la memoria, pues te resultará muy útil en otras partes del libro.

\* \* \*

Las distintas versiones posibles del dibujo me recuerdan una vieja historia sobre dos hermanos gemelos: uno extremadamente pesimista, y el otro, un optimista acérrimo. Tenían un padrastro, como conviene en estas historias. Al padrastro le gustaba mucho el niño pesimista y quería hacerle una mala jugada al optimista, que siempre lo molestaba.

El día del cumpleaños de los dos niños, el padrastro dejó una bicicleta junto a la cama del pesimista, y un montón de estiércol junto a la del optimista. El primer hermano, al volver de la escuela, vio la bicicleta en su cuarto y comenzó a lamentarse:

—¡Jo, qué vida! ¡Mira qué regalo me hacen! Voy a salir por ahí a andar en bicicleta, expuesto a caerme, a golpearme y hasta a romperme un brazo o una pierna... Esta bicicleta va a ser un problema más en mi vida...

Y salió del cuarto lamentándose. El otro llegó un momento después, vio el montón de estiércol en el suelo de su cuarto, dio un salto de alegría y exclamó:

—¡Oh! ¡Qué fantástico! ¿Dónde está el caballo que me regalan por mi cumpleaños?

\* \* \*

Sin duda que el niño optimista debe de haber aprendido algo al descubrir que su regalo de cumpleaños estaba lejos de ser el caballo que tanto deseaba; si saca provecho de sus experiencias sin dejar de ser optimista, terminará por tener un caballo de verdad.

La creencia crea la realidad. En nuestro camino por la vida, encontramos exactamente lo que buscamos.

A los dos hermanos gemelos de esta historia les sucede, en cierta forma, lo mismo que a todos nosotros en diversos momentos.

A lo largo del tiempo, al dejar de ser niño y transformarte en un adulto, llevas contigo una serie de creencias positivas y negativas sobre el mundo, las personas y tú mismo. Estas creencias van configurando a cada instante tu forma de vivir.

Como un pez que nunca ha salido del agua y no sabe que vive en ella, difícilmente te darás cuenta de que tus creencias determinan tus vivencias. Es prácticamente imposible que distingas entre tú mismo y tu creencia en el momento en que ésta actúa. ¿Esto es negativo? Todo tiene su lado positivo. ¿Quieres verlo?

Una buena noticia es que esas creencias fueron codificadas lingüísticamente en tu cerebro. En otras palabras: por medio del lenguaje aprendiste a creer en los valores que hoy dirigen tu comportamiento. Por lo tanto, existe la posibilidad de que esas creencias, por haber sido codificadas lingüísticamente, se puedan descodificar también lingüísticamente.

> *Toda creencia,*
> *una vez establecida,*
> *tiene como función*
> *única y exclusiva*
> *perpetuarse.*

*Una creencia, una vez establecida, tiene como función única y exclusiva perpetuarse*, a menos que consigas reprogramar lingüísticamente esa creencia en tu cerebro. Aunque al principio puedas sentirte un poco confuso con estas ideas («reprogramar», «descodificar lingüísticamente», etc.), trabajar con estas técnicas no es nada complicado; al contrario, es algo muy sencillo.

Es simple pero no fácil. Exige una participación total por tu parte. Quien conseguirá buenos resultados con la lectura de este libro eres tú mismo.

Deja de leer durante unos momentos para pensar nuevamente en tu descripción del dibujo que hay al comienzo de este capítulo, y procura relacionar lo que escribiste sobre él con la forma en que «ves» el mundo.

* * *

Ahora haz conmigo un ejercicio. ¿Listo? Pues adelante.

Mira a tu alrededor y observa todo lo que sea de color verde. ¿Has mirado bien? Mira otra vez. Presta atención a todo lo que es verde. Memorízalo.

¿Lo has memorizado? Ahora ve al pie de la página 41 y responde a la pregunta que figura allí especialmente para ti.

¿Te ha gustado la broma? ¿Crees que no fue justo hacerte centrar la atención en el color verde y preguntarte por el rojo? Pues eso es lo que tú haces todo el tiempo... Vas por la vida buscando una cosa y protestas porque no encuentras otra...

¿Qué es lo que *no estás buscando* y protestas porque *no lo encuentras*?

_____

_____

_____

_____

_____

_____

_____

_____

_____

_____

_____

_____

Es muy provechoso descubrir qué es lo que, aunque no lo busques, desearías hallar. Si no recuerdas muchas cosas ahora, sigue adelante, y siempre que te acuerdes de algo, vuelve aquí para anotarlo.

**Si no sabes adónde vas,**
**cualquier camino es bueno.**

# 3

# La construcción del yo

## *Crecer y aparecer*

Almuerzo de domingo. La familia reunida celebra el cumpleaños de Pedrito, el hijo y nieto más pequeño, que cumple siete años. Pero cuando todos están conversando animadamente durante la sobremesa, alrededor de un hermoso frutero con todo tipo de frutas, el padre se da cuenta de que Pedro mira atentamente algo muy pequeño que hay sobre la mesa.

—Hijo, ¿no quieres una fruta?

El niño está tan concentrado que no responde, y su padre, con la mitad de una manzana ya pelada para ofrecerle, decide acercarse a él.

El pequeño tiene una semilla en la mano derecha, y la va girando con la mano izquierda para observarla mejor. El padre muestra interés por verla y Pedrito le pregunta:

—¿Qué es esto, papá?

—Eso «ayer» era una manzana, igual que la que tengo en la mano.

El niño mira la manzana que su padre le ofrece, observa de nuevo la semilla y responde:

—No, papá, ¡esto es igual que las semillas de ese trozo de manzana!

Su padre comienza a explicarle que la manzana era antes como esas semillas, que después de un cierto tiempo podrían transformarse en manzanas si tuvieran las condiciones necesarias para ello. Al ver la expresión curiosa pero un tanto confusa de su hijo, el padre siente que debe explicarse mejor.

—Míralo así, Pedrito. Ese huesecito que tienes en la mano es la semilla de una manzana, y nunca se va a transformar en una naranja, ni en un plátano ni en ninguna otra de las frutas que ves en el frutero. Si la sembramos, llegará a ser un manzano que dará muchas manzanas.

En ese momento el niño, que se estaba comiendo un trocito de la manzana que su padre le había dado, preguntó:

—¿Va a ser una manzana dulce como ésta?

—Depende. Puede ser ácida, dulce, grande, pequeña, dura, blanda, sabrosa, sin sabor. Eso dependerá de la lluvia, del viento, del terreno, del sol, del calor y del frío, de los animales, de las lombrices, de los alimentos que tenga en la tierra para crecer...

El pequeño no esperó a que su padre terminase de hablar, y cogiendo las semillas del trozo de manzana que se estaba comiendo, corrió hasta el huerto e hizo algunos hoyos para sembrarlas. Su padre lo siguió y le enseñó a plantar las simientes. En las semanas siguientes, le enseñó a cuidarlas para que brotasen.

Años después, mientras comía manzanas con sus hijos en el huerto, Pedro les contó lo que había aprendido de su padre. Los manzanos bien cuidados dan manzanas bonitas, dulces y sabrosas.

*  *  *

Vamos a hacer una serie de razonamientos que pueden ser muy obvios para ti; sin embargo, vale la pena prestarles atención, porque junto a las cosas que parecen obvias puede haber otras verdades importantes, también obvias, pero que no vemos en un primer momento. Sígueme en estos pensamientos, con la misma buena disposición para el aprendizaje demostrada por el pequeño de la historia con la que comienza este capítulo.

Observa el dibujo de la página 22. ¿De qué crees que es la semilla? Probablemente es de manzana, porque en un lugar donde hay muchas manzanas, la probabilidad de que sea una semilla de manzana es muy grande. Por lo tanto, si esa semilla fuese de una de las manzanas dibujadas allí, ¿de cuál sería? ¿De la manzana agusanada, de la marchita o de la más bonita del frutero?

De una semilla de manzana no se cosechan naranjas ni plátanos, sino manzanas, desde luego, pero de esa semilla pueden salir manzanas dulces o ácidas, agusanadas o no, sabrosas o insípidas. Igual sucede con las personas.

Si te trasladas a la dimensión orgánica de tu desarrollo y comparas la semilla que una vez fuiste con la fruta que eres hoy, ¿a qué conclusiones llegas?

_____

_____

_____

_____

_____

_____

La gran diferencia entre una manzana y una persona es que la fruta cuelga de una rama que va a parar al tronco del árbol, que a su vez está sujeto al suelo por medio de las raíces, mientras que nosotros tenemos pies. La planta, para dar fruto, depende de las condiciones del suelo, del viento, de los nutrientes, en tanto que nosotros podemos trasladarnos a terrenos más propicios. Tenemos el poder de escoger y producir las condiciones más favorables para nuestro desarrollo personal. Y para ello, además de los pies, tenemos el cerebro. Somos seres dotados de libre albedrío.

Tu mente, que es el pie de tu semilla, te conduce por los ambientes más propicios (o no) para el desarrollo de tu personalidad. Tú decides. A cada momento. Y si no te gusta tu forma de ser, la puedes cambiar. Puedes reprogramarte.

Creer que eres capaz de decidir cómo ha de ser tu vida es un paso esencial para tener autoestima y realizar tus ideales.

\* \* \*

–Ah, pero yo soy así.

–No sirvo para ello.

–Es tarde para cambiar mi forma de ser.

Estos pensamientos no son más que disculpas. Reflejan una actitud muy comodona que sólo perpetúa una serie de creencias que no son nada positivas para tu vida.

¿Por qué «eres así»? ¿Por qué «no sirves para ello»? ¿Por qué «es tarde para cambiar»?

A menos que te gustes mucho, a menos que te sientas completamente feliz y satisfecho tal como eres actualmente, a menos que ya hayas conseguido todo lo que soñabas y estés disfrutando de la vida tanto como deseabas, siempre hay tiempo y las condiciones necesarias para cambiar. Quien genera esas condiciones eres tú, y tu tiempo es tuyo. Entonces, ¿por qué decretar que ya no tienes tiempo, que es difícil o que no sirves?

* * *

El desarrollo del ser humano puede dividirse en tres fases principales:

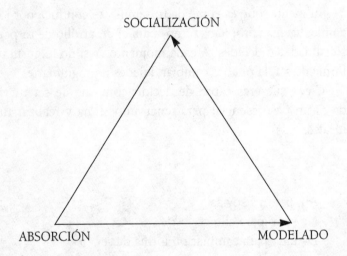

SOCIALIZACIÓN

ABSORCIÓN                     MODELADO

En la fase que va desde el nacimiento hasta los siete años de edad, más o menos, el niño no posee una capacidad cognitiva totalmente desarrollada todavía. *Es consciente, pero no es consciente de que es consciente.*

Esta fase se denomina de *absorción* porque la persona reacciona a los estímulos del universo como si fuera una esponja. Si se coloca una esponja en agua, absorbe el agua; si se coloca en tinta roja, absorbe tinta roja; si se coloca en aceite, absorbe aceite. Su función es absorber. Esta es la época en que se aprende más, cuando la persona está más abierta para aprenderlo todo rápidamente. Al ser una fase necesaria para el aprendizaje de las reglas básicas de supervivencia, la capacidad de absorción debe predominar en el cerebro humano antes del desarrollo de la capacidad cognitiva.

Los conocimientos (y, por lo tanto, las creencias) que se adquieren en esta fase, quedan fuertemente impresos en la personalidad para toda la vida. Un buen ejemplo es la religión: a no ser que hayas cambiado de religión en tu vida adulta, las creencias religiosas que tienes fueron moldeadas en tu mente durante tus primeros años de vida. Por ejemplo, si naciste en una familia católica, lo más probable es que también tú seas católico; si naciste en una familia judía, muy probablemente profesarás el judaísmo, etcétera.

Recuerda que toda esa absorción es lingüística. Por medio del lenguaje se realizaron en tu cerebro todas las codificaciones. Por medio del lenguaje aprendiste todo lo que sabes y todo lo que crees. Tu comportamiento, por lo tanto, está modelado por el lenguaje.

\* \* \*

La segunda fase, denominada de *modelado*, va aproximadamente desde los siete hasta los catorce años. En este período la persona comienza a cuestionarlo todo con más intensidad. Al ir dejando la infancia y entrando en la adolescencia, al prepararse para la vida adulta, empieza a seleccionar lo que debería ser codificado en su mente. En esta fase pasa a dar más importancia a lo que presencia. Deja de absorber pasivamente lo que oye, y aprende a evaluar las cosas antes de creérselas.

## El desarrollo emocional
## no acompaña necesariamente
## al desarrollo físico.

Cuando cumpliste siete años, el 99 por ciento de tus parámetros de evaluación ya habían sido codificados en tu mente. Por eso, muchos adolescentes cuestionan tanto a los adultos, aunque en el fondo repitan exactamente el modo de vida de sus padres.

Por ejemplo, si tu madre te decía que «mentir está mal», y tú presenciabas situaciones en las que ella mentía a las vecinas, el mensaje que codificabas en tu mente era: «Mentir es válido». Daba igual que ella continuase diciéndote: «No mientas», y que tú acatases racionalmente el mandamiento de «no ser mentiroso». Es aquí donde comienza la gran incongruencia de los padres que no entienden por qué sus hijos tienen problemas, mienten, o hablan de un modo y se comportan de otro... En general, lo que esos hijos hacen es simplemente imitar, en las actitudes básicas, el comportamiento que aprendieron en casa. La palabra convence; el ejemplo arrastra.

\* \* \*

En la fase de *socialización*, que va de los catorce a los veintiún años, el adolescente no quiere estar demasiado tiempo con sus padres, sino con los compañeros de su misma edad. Muchos padres no entienden esta fase del desarrollo de sus hijos y se sienten dolidos cuando descubren que ya no quieren ir con ellos los fines de semana a la playa, por ejemplo, y sí quedarse con sus amigos. Este es el estado natural de las cosas. En la adolescencia intentamos afirmar nuestra propia personalidad, aunque en el fondo seamos «como nuestros padres».

Teóricamente todo se completa a los veintiún años. Digo «teóricamente» porque conozco a personas de más de cincuenta años que aún no han «salido» de casa de los padres. Pueden haberla abandonado física y geográficamente (el padre ya murió, la madre vive a miles de kilómetros de distancia), pero emocionalmente todavía están «dentro de casa», porque no han desarrollado su propia personalidad.

Aunque casi todo se forme durante la primera infancia y se desarrolle normalmente hasta los veintiún años, esa estructura puede alterarse en el transcurso de la vida, en cualquier momento; nunca es tarde. Para eso es preciso conocer la manera de «acceder» a las creencias codificadas en el cerebro y reprogramarlas. La clave principal de esa reprogramación, como ya hemos dicho, es el LENGUAJE.

# 4

# Situarse en el tiempo y en el espacio

## *Trazar la trayectoria*

Todos le consideran una persona muy preparada y capaz. Dueño de sí, respetadísimo por sus padres, resuelve todos los problemas que se le presentan. Erudito y sofisticado, sus conocimientos abarcan diversas áreas del saber humano, de la filosofía a la física, de las matemáticas a la literatura.

Un día, durante sus vacaciones, mientras camina por la playa ve a un pescador sentado junto a una barca, jugando con las manos. Lo saluda y se queda a observarlo con curiosidad. El pescador lo invita a imitar el movimiento que él está haciendo.

Con palabras simples, enseñándole con el cuerpo cuando las palabras no son suficientes, le propone al erudito el siguiente desafío (pruébalo tú también, lector):

—Ponga la palma de la mano derecha en la rodilla derecha, y la palma de la mano izquierda en la rodilla izquierda. Abra las piernas hasta que las rodillas queden a unos veinte centímetros de distancia una de otra. Junte las manos, por la palma, entre las rodillas, pero con la mano izquierda por el lado derecho y la mano derecha por el lado izquierdo. Ahora entrelace los dedos. Gire los brazos entrelazados en dirección al pecho. ¿Listo? Mantenga las manos así, en esa posición, junto al pecho. Ahora mueva alternadamente los dedos de la mano derecha, comenzando por el pulgar y yendo hasta el meñique, y mueva enseguida los dedos de la mano izquierda, desde el meñique hasta el pulgar. ¿Lo ha conseguido?

Hacer correctamente este ejercicio tan simple le resultó al erudito mucho más difícil que otras situaciones bastante más complicadas de su vida.

Este ejercicio provocó en él (tal vez también en ti) una cierta desorientación corporal. Cualquier desorientación del cuerpo en el tiempo o en el espacio confunde drásticamente a la persona que intenta alcanzar una meta preestablecida.

## Lo que no se parece al dueño es robado.

A veces estás preparado para alcanzar una meta pero tus esfuerzos no dan resultado. Sin entender por qué, suspendes unas oposiciones importantes para tu carrera, o no consigues aquel ascenso que estabas a punto de obtener, o cometes algún fallo en el momento decisivo y no logras eso que tanto anhelabas y que ya casi tenías en las manos. ¿En qué te has equivocado? ¿Por qué no ha salido bien?

Seguramente porque, aunque no te dieras cuenta, algo estaba desplazado en tu mente (en tus actitudes), como las dos manos del pescador que en el ejercicio estaban en el lado opuesto. Esto puede suceder hasta con los hemisferios cerebrales: se utiliza el hemisferio derecho para tratar una situación que requiere el empleo del hemisferio izquierdo, o viceversa. (Lee más cosas sobre la diferencia entre los dos hemisferios en mi libro *Pés no chão, cabeça nas estrelas* [Los pies en la tierra, la cabeza en las estrellas].)

Otro elemento que puede estar desplazado en la mente es la autoestima. Por ejemplo, imagina que vas a hacer un examen y que te sientes bien preparado porque has estudiado mucho, o que tu jefe está decidiendo a quién dar ese ascenso tan esperado e intentas aparecer ante él como un profesional competente. Sin embargo, digamos que dentro de tu cerebro lo que tiene más fuerza es la frase que tu padre te gritó cuando tenías cuatro años y él era el doble de alto y ocho veces más pesado que tú; lo veías como un verdadero gigante cuando, con voz potente y furiosa, te dijo:

–¡Eres un estúpido!

(Aunque no fueras estúpido, te sentirías así si te hubiera sucedido esto. Sólo para hacerte una idea, imagina a alguien que te doble en tamaño y que pese ocho veces más que tú, de pie frente a ti, en este momento...)

No es necesario haber tenido un padre tan furioso para que la autoestima haya resultado herida en la infancia. Muchos adultos no se dan cuenta, pero la mayoría de los niños sufren verdaderas ofensas, que perturban profundamente la imagen que tienen de sí mismos, su autoconfianza y su amor propio.

La cantidad de «noes» y de reprimendas que un niño escucha es tan grande que, con esos valores negativos, cualquiera se queda espantado de su concepto de sí mismo. Inconscientemente, cuando ya ha crecido, se siente medio bobo, incapaz, indeseado, torpe, incompetente, avergonzado y criticable, como si fuese, a veces, un niño frágil en medio de adultos mucho más poderosos.

Para aumentar tu autoestima, has de entrar en contacto con ese niño como si te unieses a tu propia semilla, y cuidar de él con cariño y atención.

Con atención, sí, porque en materia de autoestima también las apariencias engañan.

* * *

¿Sabrías determinar de inmediato, al conversar con alguien, si tiene o no una buena autoestima?

La persona con una buena autoestima es:

• ambiciosa sin ser codiciosa,
• poderosa sin ser opresora,
• autoafirmativa sin ser agresiva,
• inteligente sin ser pedante,
• humilde sin ser servil,
• comprensiva sin ser idiota.

Quien dice: «Pobre de mí», tiene una baja autoestima, todo el mundo lo sabe. Pero quien dice: «Yo soy el mejor», también tiene una baja autoestima. Tanto los que se consideran víctimas como los que se creen los mejores tienen en el fondo el mismo problema: una baja autoestima. La diferencia sólo está en el mecanismo de compensación.

Un discípulo de Sigmund Freud, el doctor Adolph Adler, acostumbraba decir que «toda compensación acarrea deformación». ¿Qué quería decir? Por ejemplo, que un niño lesionado en su autoestima, para soportarlo y sobrevivir, comienza a inventar fantasías que compensen sus sufrimientos. Se imagina, por ejemplo, que es un héroe o un superhombre, el mejor jugador de fútbol de todos los tiempos, o la actriz más bella y deseada del mundo. Hasta ahí todo bien, pues la vida, con el tiempo, equilibra las fantasías con los hechos reales.

El problema aparece cuando la persona se pasa la vida entera fingiendo que se gusta a sí misma, pero no supera las creencias negativas que absorbió en la infancia.

Al hacer los ejercicios de este libro y leer atentamente los conceptos que se exponen en él, puedes reintegrar dentro de ti esa parte que no has visto más desde los siete años de edad. Es tu lado más espontáneo y creativo. El niño que hay en ti puede proporcionarte la alegría de vivir si lo tratas con cariño y consideración.

Haz lo siguiente: pega una fotografía tuya de esa época, una buena foto en que estés solo, preferentemente de los tres a los siete años. Coloca el retrato en un lugar bien visible, pero que al mismo tiempo sea tu rincón íntimo de la casa.

Todos los días, acuérdate de mirar la foto y responde para tus adentros la siguiente pregunta:

–¿Qué voy a hacer hoy para que ese niño que llevo en mi interior sea feliz?

_____

_____

_____

_____

_____

# 5

# La relatividad al servicio de lo emocional

## *Contrastar para aceptar*

Los jóvenes de la tribu se miraron entre sí, curiosos, cuando el viejo jefe comenzó a encender una pequeña hoguera muy cerca del río. El frío era tan intenso aquella noche (la más larga del año, el punto máximo del invierno) que hasta los riachuelos estaban congelados.

Con gestos lentos y precisos colgó sobre el fuego una olla llena de agua. Mientras el agua se calentaba, extendió una estera en el suelo y colocó sobre ella tres vasijas de barro vacías.

Cuando el agua comenzó a burbujear, casi a cien grados, el viejo jefe la echó en la vasija que tenía a su derecha.

Después cogió del riachuelo el agua helada casi a cero grados, a punto de congelarse, y la vertió en la vasija que estaba a su izquierda.

En el recipiente del medio mezcló agua fría y caliente a partes iguales y añadió un poco de la infusión medicinal que estaba tomando.

Los jóvenes asistían a todo en silencio, cada vez con más curiosidad. El jefe le pidió entonces a uno de ellos:

—Pon la mano derecha en el agua helada y la mano izquierda en el agua caliente y déjalas allí durante un rato.

El viejo respiró hondo tres veces, inspirando y espirando lentamente. No tenía reloj, y no lo precisaba porque su noción del tiempo era magistral. Medía con exactitud el paso del tiempo observando el ritmo de su propio cuerpo: la respiración, la pulsación de la sangre en las venas, el compás del corazón, y también el movimiento y el brillo de la luna, del sol y del cielo estrellado.

—Ahora saca las manos y coloca las dos en la vasija del medio —le dijo al joven—. ¿Cómo está el agua ahora?

Sorprendido, el joven respondió que sentía calor en la mano derecha y frío en la izquierda. En la mano derecha, que estaba en el agua fría, sentía que el agua de la vasija del medio estaba caliente; la mano que había sacado del agua caliente la sentía fría, aunque las dos manos estuvieran sumergidas en la misma vasija.

El viejo hablaba poco en los momentos en que transmitía sus conocimientos más importantes. Los enseñaba con calma, y a veces repetía la experiencia con varios jóvenes hasta comprobar que todos habían entendido la lección. Otras veces se detenía algunas frases antes de llegar a las últimas palabras, para que los oyentes las completasen:

—El agua puede estar fría o puede estar caliente; depende de cómo esté tu mano...

Respiró, miró de nuevo al joven, le sacó las manos de la vasija y continuó:

—Como todo lo que sucede en la vida... puede ser bueno o malo. Eso depende..., ¿de qué?

–De uno mismo –respondió el joven indio, contento con la enseñanza, que no olvidaría nunca más.

El viejo jefe indígena, mucho antes que Albert Einstein, transmitía a los jóvenes de su tribu la idea de la relatividad.

\* \* \*

Para hacer el ejercicio siguiente imagina que eres tu propio maestro. A través de la reflexión, puedes aprender con ese maestro interno que eres tú mismo.

Respira lenta y profundamente durante algunos instantes, preparando la mente para un proceso de reflexión. A continuación, responde a la siguiente pregunta en las líneas en blanco:

–¿Cuáles son **los cinco mayores problemas que tuviste durante la infancia?**

A) _____

_____

B) _____

_____

C) _____

_____

D) _____

_____

E) _____

_____

Ahora relee la lista de los cinco mayores problemas de tu infancia y pon una nota, de 1 a 10, a cada uno; la nota máxima es para lo que te molestó profunda e insoportablemente.

¿Ya está? Entonces escribe ahora en las líneas siguientes **las cinco mayores desgracias que podrían haber ocurrido en tu vida pero no ocurrieron.** Esas desgracias han de ser tan grandes que si les tuvieses que poner una nota sólo sería posible el 10.

A) _____

_____

B) _____

_____

C) _____

_____

D) _____

_____

E) _____

_____

Ahora que tienes en mente esas desgracias, vuelve a los cinco problemas de la lista anterior. Observa la nota que has puesto a cada uno de ellos, y compárala con el 10 de las cinco desgracias.

¿Qué sucede?

¿De pronto tus problemas son triviales?

¿Por qué?

¡Simplemente, porque ha cambiado el punto de referencia!

Tal como pasa en la historia del indio que con una mano siente el agua caliente y con la otra la siente fría cuando ambas están sumergidas en la misma vasija, aquí también es el punto de referencia lo que determina el punto de vista, o sea, el modo en que percibimos las cosas. Si eres capaz de cambiar de punto de vista, no podrás cambiar tu infancia, pero sí la INTERPRETACIÓN que haces de ella.

Una de las finalidades del libro es exactamente ésta: hacer que seas capaz de cambiar el punto de vista que tienes de tu infancia.

*Lo que cuenta no es lo que sucede,*
*sino cómo reaccionamos ante ello.*

Todo pasó porque tenía que pasar. El provecho que se obtiene de cada experiencia depende de cada persona. Si uno no quiere sacar provecho de una experiencia, por más dolorosa y difícil que sea, sólo obtendrá perjuicio. ¿Qué es mejor, provecho o perjuicio?

Puedes lamentarte de algo durante el resto de tu vida, o puedes hacer del mismo acontecimiento un verdadero aprendizaje, un trampolín para volar más alto a lo largo de tu existencia. ¿Qué prefieres?

**Percepción y realidad. Todo lo demás es ilusión.**

Pregunta de la página 19. Responde para tus adentros, manteniendo los ojos fijos en esta página, sin mirar otra vez a tu alrededor: ¿qué hay en el lugar donde estás que sea de color *rojo*? Ahora vuelve a la página 19 si vienes de allí...

# 6

# Evaluación del patrimonio

## *Destruir, conservar e incluir*

Imagínate que entras en tu garaje un domingo por la mañana y encuentras un coche lujosísimo, el más sofisticado que hayas visto jamás.

Admirado, intentas ver la marca. «¿Será un BMW? ¿Un Porsche? ¿Un Ferrari?», te preguntas mientras buscas en la carrocería, en el motor, en el chasis, en el panel, sin encontrar la marca.

«¿Este coche no tiene marca? –piensas intrigado–. ¿Qué coche es? ¿Quién lo trajo aquí? ¿En qué fábrica lo construyeron? ¿Quién lo diseñó?»

Del mismo modo que, con toda seguridad, alguien diseñó ese coche, alguien lo construyó y alguien lo transportó y lo dejó en el garaje, has de saber que cada actitud, al igual que cada una de tus creencias actuales, fue modelada por alguien: por ti, por las personas con las que has convivido, especialmente en la infancia, y también por los más diversos medios de comunicación.

* * *

–¿Por dónde se va a Barcelona? ¿En qué dirección tengo que ir?

Si alguien te llamase por teléfono y te hiciera esta pregunta, ¿qué le dirías en primer lugar?

–Dígame dónde está ahora.

Esta sería la única manera de ayudar a esa persona a llegar a su destino.

Ante todo es preciso saber dónde se encuentra, para definir el rumbo que debe tomar. Si está al oeste de su objetivo, debe ir en dirección este. Si está al sur, debe ir en dirección norte, y así llegará adonde quiere llegar.

Si en este momento yo te preguntase: «¿Cómo está tu autoestima? ¿Podrías ponerle una nota de 1 a 10?», creo que te resultaría difícil evaluarla si todavía no sabes exactamente qué es la autoestima, de qué se compone y cómo se manifiesta en tu vida.

Desde un punto de vista práctico, la autoestima de una persona se manifiesta en diferentes áreas de su vida. Estas son algunas de las principales:

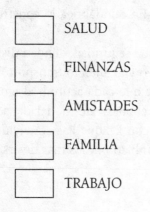

SALUD

FINANZAS

AMISTADES

FAMILIA

TRABAJO

Pon una nota de 1 a 10 en el rectángulo que está al lado de cada una de las palabras anteriores. Para puntuar, piensa atentamente en cada una de esas áreas.

¿Qué nota le darías a tu *salud*, por ejemplo? Presta atención a los parámetros que vas a utilizar para puntuar este aspecto. Existe una gran diferencia entre *no estar enfermo* y *estar sano*. La mayoría de las personas tratan de «no estar enfermas» en lugar de estar sanas.

Si te haces un chequeo y los exámenes médicos no indican enfermedad alguna, ¿qué es lo que tienes? Nada. Pero eso no significa que estés sano. Estar sano es poseer energía y vitalidad, tener el cuerpo y la mente en equilibrio, y ser capaz de hacer todo lo que se desea o se necesita hacer.

Si una persona tiene un cáncer y se halla en estado terminal, al hacer el ejercicio pondrá un 1 en la casilla de la salud, pero si se considera sana (lo cual es mucho mejor que ser una persona «no enferma»), podrá poner un 10 en esa casilla.

Ahora puntúa de 1 a 10 las finanzas. El 1 sería, por ejemplo, tener que pedir dinero prestado para comprar este libro, o que estés lleno de deudas que no sabes cómo pagar. Y un 10 sería que, aunque dejases de trabajar hoy, pudieses vivir ciento veinte años sin reducir tu nivel de vida, o sea: haber generado ya lo que precisarás para el resto de tu vida y la de tu familia.

Amistades: puntúa de 1 a 10 ese aspecto en tu vida actual, tomando en consideración el número de amigos que tienes, lo profundas que son esas relaciones y el grado de confianza que hay en ellas. Tener muchos amigos, pero con un nivel de amistad superficial, no es mejor que tener unas pocas amistades más profundas, pero si deseas tener más amigos de los que tienes, está claro que hay un problema en esta área, y la nota que le pongas lo reflejará. Un modo de evaluar este apartado es imaginar lo siguiente: si te murieses hoy, ¿quiénes irían probablemente a tu entierro?

Ahora pon también una nota de 1 a 10 a tu familia, después de pensar en tu vida familiar como un todo. Piensa en tu padre, tu madre, tu marido o tu esposa y tus hijos, si los tienes. La familia es el núcleo básico de la sociedad; vivir sin armonía familiar es como nadar a contracorriente con un peso en el cuello.

¿Y tu vida profesional? Si estás contando lo que te falta para retirarte, pensando principalmente en dejar de trabajar, pon un 1; en este caso, te doy mi pésame, pues todo indica que estás trabajando en algo que detestas. Y pon un 10 en el caso de que pienses lo siguiente: «Si mañana ganase dos millones de dólares, continuaría haciendo exactamente lo que estoy haciendo, ya que lo hago por placer y no por dinero».

\* \* \*

¿Y qué haces ahora con las cinco notas que has puesto a tu salud, tus finanzas, tus amistades, tu familia y tu trabajo? Hay una forma simple de evaluar tu autoestima considerada en conjunto.

Vamos a imaginar, sólo como ejemplo del cálculo, que has puesto un 7 a cada una de esas areas. Al sumar los 7 puntos de las cinco áreas, se obtiene un total de 35 puntos. Se multiplica ese total por dos, lo cual da 70 puntos. Este resultado significa que estás funcionando con tu autoestima a un 70 por ciento de su potencial.

Vamos a suponer que la suma de tus notas da 40. Al multiplicar ese resultado por dos, obtienes 80 puntos, o sea, que estás actuando con el 80 por ciento del potencial de tu autoestima.

Conocer la situación de tu autoestima en la actualidad te da una idea de la ayuda que este libro te puede prestar. Es decir, al saber dónde estás en este momento, puedes decidir el rumbo que quieres tomar y el lugar adonde deseas llegar.

El aumento de un solo punto en tu autoestima significa una tremenda diferencia en el resultado y en todo lo que vas a conseguir en la vida.

* * *

Al observar las notas que has puesto a las cinco áreas de tu vida, mira cuál es la mejor, qué ámbitos han recibido notas buenas, cuáles tienen notas malas y cuál es la peor nota.

Reflexiona sobre las áreas que podrías mejorar. Yo aplico este ejercicio en mis cursos de autoestima desde hace varios años y he visto las situaciones más variadas: gente que goza de una salud espectacular pero que no tiene dinero, o que tiene mucho dinero pero está enferma de cáncer...

Lo ideal es equilibrar todas las áreas. Aunque eventualmente haya alguna con nota mayor que las demás, procura mejorar las áreas de tu vida con nota baja.

Responde a esta pregunta cuando estés haciendo los ejercicios:

–¿Cuál es el ámbito de tu vida en el que te gustaría trabajar hoy aquí, mientras lees este libro?

–Me gustaría mejorar mi salud, mis finanzas, la relación con mi familia, mis amistades o mi vida profesional.

–¿Cuál es el ámbito en que te sientes satisfecho? La respuesta a esta pregunta genera un sentimiento de gratitud hacia el universo. La gratitud es la madre de todos los demás sentimientos.

Recuerda que te resulta muy provechoso saber dónde estás, para a partir de ahí definir tu rumbo. Eso mismo es lo que tienes que hacer en este ejercicio: decidir cuál es el ámbito de tu vida en el que te gustaría trabajar para mejorar tu autoestima. Y ver también cuál es la parte que está mejor y que te deja más satisfecho. En lo que respecta a ese ámbito, deberías estar **agradecido. La gratitud hacia el universo es una actitud fundamental para que todo vaya cada vez mejor.**

* * *

Ahora vamos a profundizar un poco más en la reflexión. Respira hondo, lentamente, entra en contacto con tu yo interior, deja vagar la mente, encuéntrate conmigo en medio de la nada, y juntos vamos a continuar viajando en esa dimensión que trasciende el tiempo y el espacio.

Mira las palabras de la lista que hay más abajo y escribe lo que piensas de ellas.

SALUD: _____

_____

SEXO: _____

_____

DINERO: _____

_____

FELICIDAD: _____

_____

VEJEZ: _____

_____

ÉXITO: _____

_____

AMOR: _____

_____

DIOS: _____

_____

Lo que has escrito junto a cada palabra forma parte de tus creencias. La mayor parte de ellas las traes de la infancia. Intenta ahora evaluar tus creencias en esos distintos aspectos de la vida.

Comencemos por la **salud,** un tema que es probable que consideres importante, al menos teóricamente. Y digo «teóricamente» porque muchas personas afirman que consideran la salud como algo prioritario en su vida, pero fuman, beben demasiado y no prestan atención a lo que comen. *Haz lo que dices.*

Un buen ejemplo de las creencias en materia de salud es la «corriente de aire».

–Si me da una corriente de aire, cojo la gripe.

Si esto fuese verdad, todo el mundo en el desierto tendría la gripe, pero quien se lo cree, aunque sea falso, tiene una gran probabilidad de coger realmente la gripe cuando le da una «corriente de aire».

En relación con el **sexo** hay muchas creencias negativas. Si se ve como algo sucio, es imposible tener una vida sexual sana. Si fue un tema prohibido durante tu infancia, es muy

49

probable que para ti inconscientemente continúe siendo tabú. Difícilmente se puede tener una relación sana con algo que está codificado en el cerebro como prohibido; primero hay que rechazar la creencia negativa y colocar otra en su lugar.

Esa misma visión negativa también aparece en las creencias sobre el **dinero,** que se ve como algo sucio: «Los ricos no van al cielo». Los niños que crecen oyendo esto van a ser siempre pobres... (Lee más sobre este tema en mi libro *La prosperidad: Cómo mejorar nuestra relación con el dinero*.)*

«La **felicidad** es pasajera.» «La tristeza no tiene fin, la felicidad sí.» Con creencias como éstas no podrás ser feliz. Siempre tenderás a buscar situaciones que verifiquen esa creencia. ¿No sería mucho mejor creer que la felicidad es posible y que tienes todo el derecho a ser feliz ahora mismo?

«El **éxito** va y viene, sube y baja.» «¿No conoces el caso de fulano, nuestro vecino? Un triunfador, todo le iba bien hasta que comenzó a tener problemas en la empresa, chocó con el coche, estuvo meses en el hospital, quebró...» No faltan historias escabrosas como ésta para convencerte de que estás bien tal como estás, porque «el éxito es peligroso, suscita envidia y un día todo se derrumba». A quien piensa así le da miedo luchar por el éxito. Prefiere quedarse estancado en una vida mediocre, rumiando sus frustraciones, y aunque insatisfecho, no sale de la mediocridad.

«La **vejez** es una enfermedad.» Imagínate con cinco años, visitando a tu abuelo, paralítico en una silla de ruedas, que sufre de enfisema. Te quedas un rato junto a él y te

---

* Publicado por Ediciones Urano.

dice: «Hijo mío, la vejez es igual a la enfermedad. Quien es viejo vive enfermo». Si estuvieses en condiciones de argumentar, podrías decirle que conoces a personas viejas y sanas, pero a los cinco años estás en plena fase de absorción. Ahora eres adulto y sabes que puedes determinar qué creencias son más favorables para ti. Entonces, podrías fijar en tu mente una creencia mucho más positiva sobre la vejez: «A medida que envejezco, me voy volviendo más sabio». Esta creencia es verdadera, porque realmente vas adquiriendo experiencia mientras vives, y será una realidad en tu proceso de envejecimiento, si estás dispuesto a aprender de tus experiencias y a encarar la vejez como un período de sabiduría.

«**Amor.**» Esta es una palabra muy pronunciada, pero generalmente muy mal comprendida. Lo que la mayoría llama amor son lazos neuróticos. El amor incondicional, que es el único que existe, libera en lugar de aprisionar, hace crecer en lugar de reprimir, amplía en lugar de limitar. Es muy común oír sentencias de este tipo: «Quien ama, sufre», «El amor trae desilusiones»... Esta clase de frases la podemos encontrar en canciones populares, novelas, películas y en la mente de las personas. Quien tiene estas creencias sobre el amor, es más probable que sufra en lugar de realizarse en este ámbito. ¿Por qué no creer que se puede ser muy feliz en el amor?

¿Y **Dios**? En la historia del coche encontrado en el garaje con que comenzamos este capítulo, tú te preguntabas: «¿Quién construyó este coche?». Es una pregunta totalmente válida. Si yo me encontrase un coche como ése, también me preguntaría: «¿Quién lo hizo? ¿Quién lo creó?».

Tú posees algo mucho más sofisticado que la tecnología más sofisticada producida por el ser humano: tu propia vida. Así como te preguntarías por la marca del coche y quién lo fabricó, corresponde que te preguntes: «¿Quién hizo la vida?».

*Nuestro rendimiento*
*nunca será mayor*
*que la imagen que tenemos*
*de nosotros mismos.*

¿Existe una fuerza superior que genera la vida? La humanidad siempre se ha hecho esta pregunta; es una intuición común, un conocimiento ancestral, milenario y prácticamente idéntico para todo el mundo. Sin embargo, en la vida de cada día esa fuerza pasa inadvertida porque las personas están muy ocupadas con sus creencias y opiniones.

Cuando un niño escucha a sus padres o al sacerdote decir que Dios castiga a sus hijos, establece con él una relación de culpa, pecado, miedo y castigo. ¿Por qué no transformar esa creencia en la idea de un Dios amoroso?

\* \* \*

Como ejercicio final de este capítulo te invito a hacer una evaluación de tus creencias en esos ámbitos.

Anota las creencias que te gustaría *excluir* de tu vida (porque no te son útiles y hasta te resultan perjudiciales), las que te gustaría *conservar* (ya las tienes y las quieres mantener porque son positivas) y las que te gustaría *incluir*, programar en tu mente para mejorar tu vida.

(Si no consigues escribirlo todo ahora, no importa. Continúa leyendo hasta el final del capítulo 11, y allí encontrarás un recordatorio para volver a este ejercicio.)

## *Evaluación de creencias*
(Creencias que te gustaría excluir, conservar o incluir)

SALUD
* Excluir: _____

_____

* Conservar: _____

_____

* Incluir: _____

_____

SEXO
* Excluir: _____

_____

* Conservar: _____

_____

* Incluir: _____

_____

DINERO
* Excluir: _____

_____

* Conservar: _____

_____

* Incluir: _____

_____

## FELICIDAD

- Excluir: _____

_____

- Conservar: _____

_____

- Incluir: _____

_____

## VEJEZ

- Excluir: _____

_____

- Conservar: _____

_____

- Incluir: _____

_____

## ÉXITO

- Excluir: _____

_____

- Conservar: _____

_____

- Incluir: _____

_____

AMOR

- Excluir: _____
_____

- Conservar: _____
_____

- Incluir: _____
_____


DIOS

- Excluir: _____
_____

- Conservar: _____
_____

- Incluir: _____
_____

*Cuando sacas de tu armario*
*la ropa vieja que ya no usas,*
*creas espacio para prendas nuevas.*

# 7

## Liberar al inocente

### *Restaurar la energía vital*

—¡Prisionero número 33, preséntese!

Asustado, el prisionero se prepara para acudir y piensa: «¿Qué será esta vez? ¿Me trasladarán nuevamente a la celda de castigo? ¿O me harán otro interrogatorio violento? Me van a comunicar que mi situación ha empeorado, que estoy envuelto en otro proceso, que se ha descubierto otro crimen y que el culpable soy yo...».

Inmerso en estos pensamientos, lo conducen al despacho del director de la prisión. De otras ocasiones nada agradables ya conoce la rigidez y el pésimo humor de aquel hombre autoritario. Se prepara para sufrir una vez más las humillaciones de un prisionero culpable y condenado a más de cien años de cárcel.

Sin embargo, para su sorpresa, el director lo recibe sonriente; de un modo amable y hospitalario, le ofrece un café y lo felicita.

—¿Por qué? —balbucea el prisionero, con un gesto de asombro.

–Por su libertad –responde el director–. Mañana temprano podrá dejar esta prisión para siempre.

Pero, ¿cómo?, ¿por qué? Todo sucede sin más explicaciones.

De vuelta en la celda, ni él ni sus compañeros comprenden lo sucedido, ya que la imagen de sí mismo que él se había construido durante varios años de prisión era la de culpable.

El prisionero se siente ansioso e inseguro. Se había programado para muchos años de prisión y de pronto está libre. «¿Qué voy a hacer con mi vida?» No puede dejar de pensar, y no consigue dormir. «¿Cómo va a ser mi vida ahora?» Sin embargo, se siente feliz de irse. Tiene una sensación de alivio que nunca había experimentado antes, pero, por otro lado, se preocupa por las nuevas responsabilidades que acarrea la libertad. Sabe que al quedar libre se convierte en el único responsable de sus pasos.

A la mañana siguiente, muy temprano, con una pequeña maleta, llega hasta la puerta. Sus pasos son vacilantes. El sol le ilumina el rostro cuando sale fuera, ahora con pasos más firmes. Le aguardan las sorpresas, las alegrías, los problemas, las emociones y las responsabilidades de la vida fuera de la prisión. El peso con el que cargaba ya no existe. La culpa existió todo ese tiempo sólo en su mente.

* * *

En la película *La misión*, un jesuita, interpretado por Robert de Niro, viaja por la selva, remontando el río Iguazú, en dirección a una aldea guaraní, junto a otros misioneros; atraviesan cataratas y montañas escarpadas, pero él es el único que carga un pesado fardo, en el que, además de sus pertenencias personales, lleva una pesada armadura que usaba cuando era soldado, y la misma espada con que asesinó a su hermano.

Agotado, gasta enormes cantidades de energía vital en cargar pertenencias totalmente inútiles. La dificultad de acarrear todo eso es un doloroso autocastigo para el joven misionero.

Cuando los indios arrojan su fardo al río y todo se pierde al caer por la gran catarata, él llora y ríe al mismo tiempo. Está a la vez desesperado, afligido y aliviado.

* * *

Hay gente que carga con una serie de culpas durante toda la vida. No es necesario que los hechos que motivaron esos sentimientos de culpa tengan relación directa con la magnitud de ésta. El mayor sentimiento de culpabilidad que he tratado hasta hoy fue el de una persona que cuando tenía diez años robó una moneda de veinte centavos a su tío. En un curso atendí a alguien que había asesinado a su padre a los diecisiete años, y tenía menos sentimiento de culpabilidad que el que le había robado la moneda a su tío...

*La libertad,*
*más que una condición física,*
*es un estado del espíritu.*

Además del sentimiento de culpabilidad, hay una serie de preconceptos (religiosos, sociales, raciales, sexuales, culturales, profesionales) con los que las personas cargan durante toda la vida. Les fueron inculcados durante la infancia y ya no tienen nada que ver con su realidad actual, pero continúan limitando sus pasos.

Dejando la teoría y volviendo a la realidad, te pregunto:

–¿Es necesario que continúes cargando con esas creencias que ya no tienen nada que ver con tu personalidad?

Procura evaluar la cantidad de energía que gastas en recuerdos o creencias del pasado que continúas viviendo en tu mente como si estuviesen ocurriendo aquí y ahora. Entonces te faltaba el discernimiento que tienes actualmente, pero aun así te consideras culpable.

Concéntrate y observa los actos de tu infancia y tu adolescencia que te hayan dejado con un sentimiento de culpabilidad. Si lo deseas, descríbelos en las líneas siguientes:

A medida que vayas encarando los hechos pasados con una perspectiva diferente de la que has tenido hasta ahora, aceptando lo que sucedió, sabiendo que «lo que pasó, ya pasó», tu autoestima aumentará, tendrás más energía para vivir aquí y ahora, más vitalidad y más posibilidades de ser feliz.

Cosas buenas y malas han pasado, pasan y pasarán siempre en nuestra vida. El secreto está en saber transformar las buenas vivencias en recuerdos permanentes, y las malas, en momentos fugaces de nuestra existencia.

# 8

# El efecto Pigmalión

## *Cambiar el estereotipo*

Sueños improbables se agitaban en la mente del pequeño Edson cuando se echaba en su cama, hecha con cajas de embalaje, en la barraca en la que vivía con su familia. Durante un rato antes de dormir, se abstraía de los ruidos del barrio de barracas, del calor y de los mosquitos para cultivar sus ideales: conocer todo el mundo, convertirse en un famoso científico y... viajar por las estrellas. Esta última idea, que al principio le parecía más una fantasía infantil que una perspectiva de futuro, comenzó a hacerse más fuerte cuando, en una noche de luna llena, el brillo de una estrella se filtró por un agujero del techo de zinc y se quedó palpitando en sus ojos.

A partir de ese día, adoptó aquella estrella como su hada madrina y comenzó a contarle mentalmente lo que pasaba en su corazón y todo lo que anhelaba en la vida.

Cuando le venía a la mente alguna duda sobre el lazo que le unía a la estrella, le hacía una «prueba»:

—Si eres realmente mi hada madrina, continúa brillando, y si no, apágate para siempre —le decía.

Como no podía ser de otra manera, la estrella continuaba brillando. Y él proseguía, con más confianza, sus conversaciones con ella.

Cuando amanecía, el barrio de barracas se despertaba para enfrentarse a un duro día más; las mujeres pasaban con latas de agua en equilibrio sobre la cabeza, los obreros se apresuraban para no llegar tarde a su trabajo, muchos niños comenzaban a jugar y a ensuciarse de barro los pantalones rotos, y él salía con sus libros para estudiar. Durante años, lloviese o hiciese sol, él pasaba con la cartera en la mano, sus objetivos en la mente y, en su corazón, la seguridad de que conseguiría alcanzarlos.

Muchos decían que era un loco, que nadie del barrio de barracas podría conseguir jamás lo que él quería... Pero la estrella brillaba para él a través de los agujeros del techo de zinc. Ese niño pobre tenía una firme esperanza, y la lejana estrella (¿a cuántos miles de años luz estaría?), cada vez que aparecía en su barraca, le reafirmaba que podía contar con su protección de hada madrina; eso le permitió marcarse metas cada vez más osadas que se fueron concretando poco a poco.

Hoy, aquel niño tiene 23 años. Dentro de una semana embarcará para iniciar un período de prácticas de astronomía, a nivel de doctorado, en los principales observatorios del mundo; va a reunirse con un reducido grupo de licenciados seleccionado entre candidatos de decenas de países con la misión de participar en un equipo superespecializado de los laboratorios de la NASA.

\* \* \*

Esta historia se basa en un hecho real, ocurrido recientemente a un chico del barrio de barracas de Vigário Geral, en Río de Janeiro, pero los principales elementos de este relato están presentes en incontables narraciones de todos los tiempos.

A través de la mitología griega llegó hasta nosotros la historia del artista que esculpió la estatua de una mujer bellísima. Se apasionó de tal forma por su propia creación, que la diosa Venus atendió sus súplicas y dio vida a la estatua.

Este mito también fue aprovechado por el escritor George Bernard Shaw, que escribió una obra teatral llamada *Pigmalión,* en la que un profesor decide transformar, insistiendo en el buen uso del lenguaje, a una mujer sin ninguna educación en una dama elegantísima. La obra se transformó más tarde en una famosa comedia musical: *My Fair Lady.*

Si las expectativas de una persona pueden influir en el comportamiento de otra, esa influencia también es posible (la mayoría de las veces con mucha más fuerza) cuando dichas expectativas proceden de la misma persona. En las tres historias citadas, la estrella, el escultor y el profesor tienen algo en común: pueden representar en nuestra mente la determinación de crear el propio destino, aunque debido a las circunstancias la meta parezca imposible.

¿Cómo es la estatua de ti mismo que te gustaría esculpir y después darle vida? Si te fuese posible actuar como el escultor de tu propio destino y de tu personalidad (y ciertamente es posible), ¿cómo te gustaría ser?

_____

_____

_____

_____

_____

_____

_____

\* \* \*

Para que la nueva imagen que estás esculpiendo ahora mismo cobre vida y se manifieste en tu universo, es necesario que entiendas cómo se creó tu «yo» anterior, para que así puedas conocer las herramientas que se utilizaron y consigas esculpir con maestría tu «yo» actual.

A medida que practiques los ejercicios de este libro, podrás realizar una transformación decisiva en la imagen que tienes de ti mismo, con importantes repercusiones en tu vida personal y profesional.

Es bueno saber que nuestro rendimiento nunca será mayor que la imagen que tenemos de nosotros mismos. Si algo falla en alguno de los ámbitos citados en el capítulo 6, examina cómo te ves a ti mismo en el campo en cuestión. *La mejor forma de aumentar tu rendimiento es mejorar la imagen que tienes de ti.*

**Orgánicamente, SER**
**viene siempre antes que TENER.**

# 9

# La creación del «yo»

## «Reingeniería» orgánica

En una pequeña y próspera ciudad del interior, un grupo de amigos tenía la costumbre de organizar comidas benéficas en las que participaban las personas más importantes de la sociedad local. Las contribuciones económicas recogidas en esas comidas se destinaban a instituciones de caridad.

Cada invitado confeccionaba un plato diferente de acuerdo con una lista realizada previamente, y a veces las comidas eran verdaderos banquetes.

Hasta que se produjo un lamentable suceso. En la última comida, cuando acababa de servirse el postre, uno de los participantes se sintió mal y fue trasladado al hospital más cercano, donde murió intoxicado.

Los familiares del muerto decidieron demandar a quien había preparado la comida, pero no sabían qué le había provocado la muerte y nadie podía decir lo que el fallecido había comido durante el banquete. Además, no entendían por qué sólo a él le había afectado la comida. ¿Era posible que algo le hubiera provocado una intoxicación fatal sin que los demás la sufrieran? ¿Podía haber sido la comida que él mismo había llevado? ¿Y si él hubiera envenenado su propio plato?

La conclusión final a la que llegaron después de investigar fue: el individuo murió porque... murió.

\* \* \*

«Soy así porque mi padre me trató de tal manera.»

«Tengo estos problemas porque las condiciones en que pasé mi infancia fueron ésta y aquélla...»

Esta clase de justificaciones no aclaran nada. Conozco a dos hermanas gemelas que vivieron exactamente en las mismas condiciones cuando eran pequeñas; una considera que su infancia fue maravillosa; la otra, que fue terrible. Si observamos a dos niños educados en el mismo orfanato desde que nacieron y con experiencias idénticas, podremos verificar actitudes y creencias completamente diferentes en cada uno de ellos.

Los hermanos «comen de la misma mesa», igual que en la historia del banquete, pero hay cosas que le hacen daño a uno y no al otro. Los mismos acontecimientos marcan a las personas de forma diferente.

Lo que influye no es exactamente la experiencia, el hecho concreto, sino la forma en que la persona interpreta la experiencia.

\* \* \*

Como hemos visto, tu «yo» actual es la consecuencia no sólo de lo que te ocurrió, sino también de la manera en que interpretaste los acontecimientos. Por consiguiente, para conocer mejor tu «patrimonio de creencias», el trabajo que tienes que hacer es identificar, en el «banquete» de tu infancia, los alimentos que ingeriste y quién te los dio.

Digamos, por ejemplo, que tu concepto de salud lo heredaste de tu padre; que tu concepto del dinero te viene de tu madre, y que con respecto a la vejez piensas lo mismo que tu abuelo. Antes de excluir de tu repertorio de creencias las que no te son útiles en la actualidad, es importante que identifiques de dónde surgieron.

Por lo tanto, lee nuevamente la lista de creencias del capítulo 6 (sobre salud, sexo, dinero, felicidad, vejez, éxito, amor y Dios), y mientras la relees, procura recordar quién te inculcó esos conceptos. Luego rellena el cuadro siguiente:

|  | Padre | Madre | Abuelos | Otros |
|---|---|---|---|---|
| SALUD |  |  |  |  |
| SEXO |  |  |  |  |
| DINERO |  |  |  |  |
| FELICIDAD |  |  |  |  |
| VEJEZ |  |  |  |  |
| ÉXITO |  |  |  |  |
| AMOR |  |  |  |  |
| DIOS |  |  |  |  |

Son muchos los que han traído «platos» para el banquete de tu vida. La decisión de comerlos o no ha sido y será siempre tuya.

Antes de iniciar la «reingeniería» de tu «yo», es necesario que entiendas otros aspectos relacionados con la formación de la personalidad y de la autoestima, para así poder construir con elegancia una nueva imagen de ti mismo.

Continúa leyendo con atención y realiza todos los ejercicios de este libro.

Sigue saboreando el condimento con que aderezas tu comida para mejorar el sabor de algunos alimentos que hasta ahora te resultaban prácticamente imposible comer.

*Son muchos los que han traído «platos»*
*para el banquete de tu vida.*
*La decisión de comerlos o no*
*ha sido y será siempre tuya.*

# 10

## Actuar en contra de la voluntad

### Sin derecho a voto

Desde que eran pequeños, los hijos del pescador tenían sus caminos trazados cariñosamente por el deseo de sus padres y la tradición de la familia.

El mayor tendría que estudiar para entrar en el seminario y ser sacerdote. Todos los recursos de la familia se destinaban a ese objetivo. Estimulado a estudiar, demostraba ser, de hecho, el más inteligente, el más indicado para esa vocación, como erudito y predicador de la palabra de Dios.

Al más pequeño no le gustaba mucho estudiar, pero eso no importaba. Iba a seguir la profesión de su padre y a sobresalir en su trabajo. Hasta tal punto era así, que cuando el padre enfermó y quedó incapacitado para trabajar, él asumió las responsabilidades de la casa mientras su hermano acababa los estudios.

Cuando su padre murió, los dos se encontraron en casa para el funeral y conversaron durante toda la noche. El religioso decidió quedarse unos días con la madre y aceptó la invitación de su hermano para salir a pescar con él durante una semana.

Mientras pescaban, el pescador escuchó las palabras de su hermano, llenas de fe y de una profunda filosofía, y el sacerdote quedó encantado con la simplicidad de los relatos del pescador sobre su oficio y sobre los misterios del mar.

Cada uno de los dos, sin darse cuenta de ello, estimuló en el otro la voluntad de seguir una nueva trayectoria en la vida, algo realmente fascinante, elegido por propia voluntad.

El sacerdote, con sus predicaciones informales mientras pescaban, sin saberlo despertó en el pescador la voluntad de convertirse en predicador, cosa que llegó a ser en su comunidad. Y al escuchar las historias de su hermano, el sacerdote descubrió en el mar su verdadera vocación, colgó los hábitos y se hizo pescador.

* * *

Es hora de realizar un importante ejercicio de contacto con tu «yo» interior, en una dimensión del tiempo en que el niño, el joven, el adulto y el viejo, es decir, el «yo» pasado, el futuro y el actual, existen simultáneamente.

*Relaja el cuerpo, ponte cómodo.* Respira lenta y profundamente, inspirando por la nariz y soltando el aire por la boca, 21 veces seguidas.

Responde por escrito en las líneas que hay debajo de cada pregunta:

- ¿Quién ejerció más influencia en tu vida durante los primeros siete años? ¿Tu padre? ¿Tu madre? ¿A quién tenías más necesidad de agradar cuando eras niño?

_____

_____

- ¿Cuáles fueron las personas o personajes que tuvieron mayor impacto en tu vida? (En esta respuesta vale todo tipo de influencia importante para la formación de tu yo actual: padres, abuelos, profesores, hermanos, amigos, vecinos, ídolos deportivos, artistas, escritores, personajes de ficción con los que te identificabas, etc.) Anota los que más influyeron en ti.

_____

_____

_____

_____

Ahora reflexiona sobre todo lo que te obligaron a hacer contra tu voluntad durante tu infancia, y completa las líneas que hay más abajo. En caso de que no recuerdes nada ahora, invéntalo, pues el efecto es el mismo.

- Algo que hice contra mi voluntad cuando tenía cinco años fue:

_____

_____

- Algo que hice contra mi voluntad cuando tenía siete años fue:

_____

_____

• Algo que hice contra mi voluntad cuando tenía nueve años fue:

_____

_____

• Algo que hice contra mi voluntad cuando tenía once años fue:

_____

_____

La opinión que tenía de mi madre cuando era niño es probablemente la opinión que tengo de la mayoría de las mujeres que encuentro en la vida.

La opinión que tenía de mi padre cuando era niño es probablemente la opinión que tengo de la mayoría de los hombres que encuentro en la vida.

* * *

Ahora concéntrate en cada una de las líneas que has escrito y observa cuál es tu posición actual con respecto a ello. Si ya no tienes nada que ver con lo que has escrito, describe tu actitud con respecto a cosas que estás obligado a hacer en tu vida actual:

A) Acepto las circunstancias y continúo haciéndolo porque es así como a mamá y a papá les gusta que me comporte.

_____

_____

B) Ahora que soy adulto y ya no dependo de mis padres, nunca más haré esto, aquello y lo de más allá.

_____

_____

C) Hago lo que realmente quiero, y no me preocupa la opinión que mis padres tendrían de lo que hago.

_____

_____

D) _____

_____

E) _____

_____

\* \* \*

Imagínate con cinco años, y responde a las siguientes preguntas desde la perspectiva del niño de cinco años que fuiste y eres:

• *¿Cuáles eran los reproches que siempre me hacía mi padre cuando era niño?*

_____

_____

_____

• *¿Cuáles eran los reproches que siempre me hacía mi madre cuando era niño?*

_____

_____

_____

• *¿Cuáles eran los reproches que mi padre le hacía a mi madre cuando yo era niño?*

_____

_____

_____

• *¿Cuáles eran los reproches que mi madre le hacía a mi padre cuando yo era niño?*

_____

_____

_____

• *¿Cuáles eran las críticas que mentalmente yo le hacía a mi padre cuando era niño?*

_____

_____

_____

• ¿Cuáles eran las críticas que mentalmente yo le hacía a mi madre cuando era niño?

_____

_____

_____


• ¿Cuáles eran los elogios que mi padre siempre me hacía cuando era niño?

_____

_____

_____


• ¿Cuáles eran los elogios que mi madre siempre me hacía cuando era niño?

_____

_____

_____


• ¿Cuáles eran los elogios que mi padre le hacía a mi madre cuando yo era niño?

_____

_____

_____


• ¿Cuáles eran los elogios que mi madre le hacía a mi padre cuando yo era niño?

_____

_____

_____

• *¿Cuáles eran los elogios que mentalmente yo le hacía a mi padre cuando era niño?*

_____

_____

_____

• *¿Cuáles eran los elogios que mentalmente yo le hacía a mi madre cuando era niño?*

_____

_____

_____

**Cada vez que dices que sí
cuando te gustaría decir que no,
muere una parte de ti.**

# 11

# Las opiniones que cuentan

*Ver con otros ojos*

Los textos que escribía y las conferencias que daba sobre la emancipación femenina eran brillantes. Su tesis doctoral en filosofía era un profundo análisis de la dominación masculina a lo largo de los tiempos. En sus conferencias, ante los aplausos de un público entusiasmado, defendía la importancia de la mujer en la sociedad contemporánea.

A diferencia de su vida intelectual, su vida amorosa era un fracaso.

Su lema era: «No quiero ser una mujer sometida». Su mayor preocupación era: «No quiero ser como mi madre». Pero lo que su cerebro retenía era, justamente, la parte esencial de esas frases: «Quiero ser una mujer sometida», «Quiero ser como mi madre». Deseándolo por la negación, ella afirmaba en su vida lo que parecía estar negando.

Intelectualmente conocía todos los factores que oprimen a las mujeres, pero continuaba emocionalmente ligada a los valores que tenía estructurados en su mente desde la infancia.

Su principal modelo de comportamiento femenino seguía siendo la posición subalterna en que vivía su madre. Y por eso ella se condenaba a una posición de bajísima autoestima como mujer.

En el fondo, la opinión que tenía de la mujer globalmente, incluida ella misma, era la opinión que creía que su padre tenía de su madre; esa era la idea de mujer codificada en su cerebro, a pesar de todas las racionalizaciones que hacía en sentido contrario.

¿Qué le faltaba para superar esa contradicción? Le faltaba un solo paso, muy simple, pero que se resistía a dar.

Primer paso: concienciación.
Segundo paso: perdón.

El primer paso es de orden intelectual, pero para que el conocimiento se integre realmente en la estructura mental, es preciso involucrar también el hemisferio derecho del cerebro. Es preciso perdonar...

* * *

Vuelve al capítulo anterior y relee tus respuestas a las preguntas: «¿Cuáles eran los reproches que mi padre le hacía a mi madre cuando yo era niño?» y «¿Cuáles eran los elogios que mi padre le hacía a mi madre cuando yo era niño?».

Procura entrar en contacto con tus sentimientos cuando pienses en estos asuntos. Si detectas resentimiento o falta de perdón, has de saber que eso puede estar bloqueando tu autoestima, y que no es difícil de desbloquear: basta con quererlo. Tú eres el capitán de tu barco.

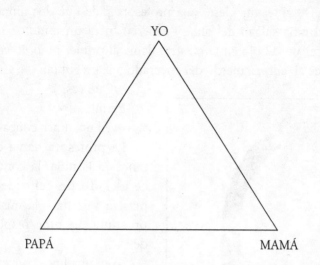

La opinión que tenías de tu padre cuando eras un niño formó la opinión que tienes de los hombres en general. La opinión que tenías de tu madre es la base de la opinión que tienes de las mujeres. Es muy probable que tu opinión sobre las mujeres provenga de la opinión que creías que tu padre tenía de tu madre.

Vemos el mundo a través de esas opiniones, que en realidad son gafas prestadas, que muchas veces deforman la realidad.

\* \* \*

Toda opinión depende del «punto de vista». Nuestra manera de ver las cosas puede variar según el lugar desde donde las observamos. Cuando somos pequeños no elegimos los lugares; los mayores nos conducen a ellos.

El ejemplo de una simple clase de matemáticas nos puede explicar muy bien la relatividad de las opiniones.

Durante una clase, una profesora pide que dos niños y una niña salgan del aula y esperen fuera un minuto. Tras hacer un dibujo en la pizarra, llama al primer niño, lo conduce al lado izquierdo del encerado y le pregunta:

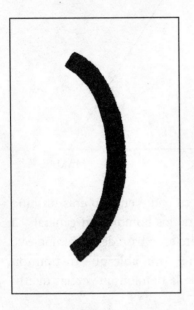

—¿Qué ves?

El niño dice:

—Veo una línea cóncava.

La profesora llama entonces a la niña, la conduce al lado derecho de la pizarra y le hace la misma pregunta. La niña responde:

—Veo una línea convexa.

A continuación, la profesora llama al otro alumno y lo coloca en el centro, delante de la pizarra, y el niño responde:

—Veo una línea curva.

La profesora los mira a los tres, se vuelve a la clase y pregunta:

—¿Quién tiene razón?

Los alumnos se dan cuenta de que las tres opiniones son ciertas. La respuesta depende simplemente del punto de vista desde el que se observa la realidad.

\* \* \*

Creemos tener opiniones respecto a cosas, personas y lugares. En verdad, casi siempre lo que pasa es exactamente lo contrario. Son las opiniones las que «nos tienen».

En el fondo, nuestro margen de elección es muy estrecho y vivimos como si fuésemos una marioneta a la que alguien mueve de los hilos. Ese alguien, la mayoría de las veces, es el padre o la madre que tenemos interiorizados (no exactamente el padre y la madre reales, sino la idea que nos hicimos de ellos en la infancia y los sentimientos que nos provocan).

Es posible que, sin darte cuenta, estés viendo el mundo con ojos que no son los tuyos.

Esos ojos ajenos son, principalmente, los puntos de vista que absorbiste durante la primera infancia, las opiniones de las personas que tuvieron más influencia sobre ti. Durante la vida adulta esa absorción de opiniones ajenas continúa si no se tiene bien afirmada la personalidad. Quien no tiene autoestima no cree en sí mismo y prefiere seguir siempre la opinión de los demás.

Del mismo modo que no puedes conducir un coche orientándote por el retrovisor y por los espejos laterales, tampoco puedes dirigir tu vida por los acontecimientos del pasado y las opiniones de los demás.

*Perdonar,*
*más que un acto de amor,*
*es una señal de inteligencia.*
*El único que no perdona es el ignorante.*

Usa tus propios ojos, escucha a tu corazón, decide tú mismo hacia dónde quieres ir. Traza tus metas, define tus objetivos. Si dejas que otros lo hagan, la recompensa no será para ti.

Quien se guía por sus propios pasos confía en su sentido de la orientación. Para ello es preciso conocer los propios sentimientos y opiniones.

\* \* \*

¿Hacemos un ejercicio para que esas diferencias estén más claras en tu mente? Respira hondo y prepárate para un nuevo e importante viaje a tu infancia.

Imagínate con cinco años, recuerda tu rostro de niño en el espejo (si quieres, puedes usar una foto). Intenta recordar la ropa que vestías, los sonidos que oías a tu alrededor y los detalles de tu casa en esa época: los muebles de la sala, tu cuarto, tu cama, y tus padres.

Ahora haz una descripción de tu padre más detallada de la que ya escribiste en el capítulo anterior, incluyendo sus principales cualidades y defectos, así como su modo de pensar sobre la vida. (Recuerda que has de describir a tu padre no tal como es hoy, sino tal como era cuando tú tenías cinco años.)

_____

_____

_____

_____

_____

_____

Describe también con todo detalle cómo era tu madre cuando tú tenías esa edad.

_____

_____

_____

_____

_____

_____

_____

Ahora imagina, como si fuese una película en blanco y negro, la siguiente escena: tú tienes cinco años y estás durmiendo en tu cama. En la sala, tus padres hablan de ti. Uno le dice al otro lo que piensa sobre tu forma de ser a esa edad, tus principales cualidades y defectos. Trata de imaginar esa conversación y escríbela aquí:

Opiniones de tu padre sobre ti:

_____

_____

_____

Opiniones de tu madre sobre ti:

_____

_____

_____

Otra vez, como en una película en blanco y negro filmada en la época en que tenías cinco años, imagina una escena en la que tu padre conversa con su mejor amigo (alguien en quien confiaba ciegamente) y le dice lo que piensa de tu madre.

_____

_____

_____

_____

_____

_____

Ahora asistes a otra escena, también en blanco y negro y filmada en la época en que tenías cinco años, en la cual tu madre le hace confidencias a su amiga más íntima sobre las cualidades y defectos de tu padre. ¿Qué le está diciendo?

_____

_____

_____

_____

_____

_____

Si no sabes qué dirían, invéntalo. ¡Funciona igual!

\* \* \*

Ahora que has reunido todos esos datos, haz tres correlaciones (aunque parezcan obvias) entre las opiniones descritas y el modo en que te relacionas con las personas de sexo masculino y de sexo femenino en tu vida cotidiana:

1) _____
_____

2) _____
_____

3) _____
_____

No es necesario que permanezcas sujeto a estas opiniones y actitudes para siempre, ya que eres tú el artífice de tu destino. Vuelve a la tabla de opiniones que quieres excluir, conservar o incluir en tu personalidad (está en el capítulo 6). Sin duda, ahora tienes más elementos para completarla.

\* \* \*

¿Qué es lo que estás fingiendo que no sabes?

_____
_____
_____
_____
_____
_____
_____

# 12

# Lenguaje, lenguaje y lenguaje

## *Intención con o sin acción*

Comprendió que estaba perdidamente enamorado de esa chica cuando comenzó a perder el sueño por ella. Se quedaba soñando despierto, pensando en invitarla a salir, llevarla al cine y luego a un lugar romántico..., pero no sabía cómo hablar con ella.

Tuvo la oportunidad de hacerlo, pero cuando se vio frente a ella, se quedó sin habla, tartamudeó, inventó un pretexto que no tenía nada que ver y se marchó frustrado. Después de esto, decidió prepararse antes de abordarla de nuevo. Pensó en declararle su amor, en demostrarle su pasión amorosa con una serenata, en hacerle un poema a su musa. Pero, ¿con qué coraje? Le pidió ayuda a un amigo para que le escribiese todo lo que podría decir cuando estuviese con la chica. ¿Y si otra vez tartamudeaba o se olvidaba del guión? ¡Si al menos fuera por teléfono! ¡Sí! Decidió telefonear para recitarle un texto poético, envolvente, todo bien anotado para no cometer errores. Al final del texto, ella no rechazaría una invitación a salir. Intentó un contacto.

La llamó por teléfono y consiguió que lo escuchara durante un largo rato. Ella, por su parte, sentía simpatía por él y hubiera aceptado de buen grado una invitación, pero la conversación no llevaba a nada en concreto. Durante la llamada, un amigo de ella pasó por su casa y le gritó desde lejos una sola frase: «¿Vamos hoy al cine?». La chica, con el teléfono al oído, en plena narración, asintió con la cabeza. Su amigo le respondió desde lejos: «De acuerdo, te recojo a las siete», y se fue con la moto.

La conversación telefónica continuó hasta que el muchacho comenzó a preparar una invitación, haciendo muchos rodeos: «Bueno, no sé, pienso que quizá te gustaría...». No terminó la propuesta, y con un tono de voz dudoso y reticente le preguntó: «¿Aceptarías...?». Ya sin tiempo y con plan para la noche, ella al fin contestó: «Hoy no puedo, ya tengo un compromiso, adiós».

¿Quién sabe, algún día...? (Sólo que «algún día» no existe en el calendario.)

\* \* \*

¿Cuál es la temperatura de la habitación en la que estás leyendo este libro? Ah, ¿no tienes termómetro? Pero probablemente tendrás una idea. ¿Hace frío, calor o la temperatura es normal? Si es normal, ¿tira más a calurosa o a fría? Sea cual sea la respuesta, me gustaría que completases la siguiente frase: «La temperatura de la sala es...............».

¿Crees que después de haber completado esta frase ha habido algún cambio en la temperatura de la habitación? Probablemente ninguno, porque lo que has dicho no genera acción. Sería distinto si le dijeses a alguien que esté por allí algo así como: «Enciende el aire acondicionado, por favor», o: «Abre la ventana que está haciendo calor».

La diferencia entre los dos tipos de frases es muy importante. Existe un lenguaje que genera acción, que crea realidad, y otro que no.

El primer tipo de lenguaje del ejemplo que he puesto (una afirmación respecto a la temperatura) no cambia nada en nuestro universo físico. El segundo tipo (una petición para que alguien abra una ventana o encienda el aire acondicionado) hace que algo suceda en nuestro universo.

Presta atención a las personas que emplean un lenguaje que genera acción. Por lo general son personas que tienen éxito, emprendedoras, creadoras. En cambio, las que utilizan un lenguaje que no genera acción acostumbran tener serias dificultades para pagar las cuentas a fin de mes...

¿A qué grupo te gustaría pertenecer?

Uno de los tipos de lenguaje que genera acción es la llamada declaración (acción de declarar). ¿Basta con declarar algo para generar acción? Depende siempre de lo que sea y de quién lo declare. ¿Quieres un ejemplo?

Imagina una reunión de vendedores de una empresa. Están presentes todos los integrantes del equipo de ventas y la dirección de la empresa. Al finalizar la reunión, el presidente hace una evaluación de los resultados y dice:

–Juan es el mejor vendedor de esta empresa.

Al día siguiente, alguien pregunta a los demás empleados:

–¿Quién es el mejor vendedor de esta empresa?

Y todos responden en un acto reflejo, sin pensar:

–Juan.

La declaración del presidente de la empresa fue más decisiva que la opinión de los demás, y creó esa realidad («Juan es el mejor vendedor»).

Imagina ahora que la mujer de Juan (en lugar del presidente) le dijera a él en su casa:

—Eres el mejor vendedor de la empresa, Juan.

En este caso, ¿lo considerarían sus colegas el mejor vendedor de la empresa? Por supuesto que no, porque la mujer de Juan no tiene autoridad para hacer tal declaración. Quien la tiene es el presidente de la empresa.

\* \* \*

Algunas lecciones que podemos extraer de esta historia:

A) Para que una declaración genere acción, es preciso tener autoridad para hacerla. Un juez o un sacerdote puede celebrar un matrimonio: «Os declaro marido y mujer». Pero si le pides al director de tu empresa que haga esa declaración, su frase no va a cambiar el estado civil de nadie.

Fíjate bien: ¿quién tiene más autoridad en tu vida? Si te lo hubiera preguntado cuando tenías cinco años, seguro que me habrías respondido: «Papá y mamá». Aunque no quisieras ir a visitar a tus abuelos el domingo, respetabas su decisión: «Tú vienes con nosotros. Tienes que ir». Y no había discusión. Actualmente, sin embargo, aunque continúes respetando la autoridad de tus padres, sabes que *nadie tiene más autoridad sobre tus acciones que... tú mismo.*

B) La declaración, para convertirse en realidad, ha de conjugarse en *tiempo presente*. No se consigue nada diciendo: «Seré feliz», porque ese tiempo nunca llega. Sólo funciona cuando declaras: «Soy feliz», o: «Soy rico», y aunque no lo seas, puedes comenzar a serlo en el momento en que empiezas a declararlo.

C) La declaración tiene que ser *positiva*. Si dices: «Declaro que no quiero ser pobre», o: «Yo no soy igual que mi madre», tu cerebro simplemente no considera la palabra «no» y se une al objeto de la declaración: «... quiero ser pobre», o: «... soy igual que mi madre». Recuerda que *uno es en la vida aquello que se niega a ser*. Esta clase de declaraciones no funcionan. Pero si dices: «Declaro que soy rico», o: «Declaro que soy una persona inteligente», estas declaraciones sí que funcionan.

*Declaración.*
*1. Acción y efecto de declarar o declararse.*
*2. Manifestación o explicación de lo que otro u otros dudan o ignoran.*
(*Del diccionario de la Real Academia Española*)

\* \* \*

Ya que tienes la posibilidad de hacer declaraciones sobre ti mismo, recreándote lingüísticamente, aprovecha la oportunidad. En las líneas siguientes escribe declaraciones que reafirmen aquello que ya eres y otras que incorporen a tu personalidad los atributos que te gustaría tener:

Yo declaro que:

1) _____

2) _____

3) _____

4) _____

5) _____

# 13

## Ser lo opuesto

### *La paradoja del no*

Era un niño estudioso, inteligente y atento. ¿Un hijo que no causaba problemas a sus padres? Al contrario. Era preocupante verlo tan compulsivo en los detalles, tan organizado y sistemático. Nunca estaba distendido, no se relajaba, raramente jugaba.

El padre, con la mejor de las intenciones, después de una larga conversación con su hijo, se dio cuenta de que necesitaba alguna ayuda para comprender que podía ser más espontáneo en algunos momentos, cuando estuviese muy tenso. Decidió establecer un código entre ellos.

–Mira, hijo. Cuando haga chasquear los dedos, será la señal para indicarte que seas más espontáneo. Entonces, trata de serlo.

Tras la conversación se vanaglorió ante su esposa:

–¡Problema resuelto! Hemos establecido una señal que voy a hacer para que se dé cuenta de que debe ser espontáneo.

La primera oportunidad surgió cuando el hijo, por ser el mejor de la clase, fue elegido para pronunciar el discurso de final de curso. El padre, al darse cuenta de que el niño estaba excesivamente tenso y formal en la ceremonia, chasqueó los dedos con la intención de ayudarle.

La señal bastó para que el chico no consiguiese seguir leyendo el discurso. Tartamudeó sin parar.

¿Qué le había sucedido? Al intentar ser espontáneo, no podía serlo, porque la espontaneidad no es el resultado de una orden o programación. Debido a ello, no podía actuar con espontaneidad.

Se instaló en su cerebro una paradoja que bloqueaba su posibilidad de ser espontáneo.

* * *

*Somos en la vida lo que no queremos ser.* Esta es otra paradoja que debemos entender para que nuestras decisiones sean las correctas.

Una paradoja para sacudir tus creencias: *No creas en mí.* Si crees en lo que te acabo de decir, no debes creer en mí; por lo tanto, no crees y crees al mismo tiempo. O crees en no creer. En otras palabras, al margen de lo que yo haga, tú continúas creyendo (¡seguro!). De cualquier forma, hagas caso o no de la frase («No creas en mí»), estarás creyendo.

Ya que hablamos de paradojas, ejercita tu raciocinio con la siguiente:

|       A       |       B       |
| :---: | :---: |
| *La afirmación B es falsa.* | *La afirmación A es verdadera.* |

¿Qué te parecen estas dos frases? Si crees en la afirmación **A**, considerarás falsa la afirmación **B**; entonces tendrás que creer que la afirmación **A** no es verdadera, lo cual querrá decir que la afirmación **B** sí lo es; por lo tanto, la frase **A** es cierta cuando dice que la frase **B** es falsa, pero entonces...

Una paradoja como ésta no tiene solución, pero sirve para mostrar que la lógica de nuestras creencias no explica toda la realidad. A cada momento algo se está modificando. Si nuestras opiniones están sujetas a creencias pasadas, nuestra vida también quedará paralizada.

*\* \* \**

Estudios realizados en Estados Unidos demostraron que los niños de cuatro años de edad escuchan un elogio y nueve reprimendas y media cada veinticuatro horas. Este resultado se obtuvo por medio de micrograbadoras que se colocaron en los oídos de cientos de niños mientras duró la investigación.

Para que una reprimenda se anule o neutralice en el cerebro de una persona, son necesarios al menos siete elogios; exactamente lo opuesto a los resultados de la investigación. Imagina cuántas reprimendas recibiste de tus padres, de tus profesores y de la sociedad en su conjunto durante los veintiún años de tu desarrollo.

### *¡Sé espontáneo!*
### *(Dudo que puedas obedecer esta orden.)*

Según datos de esta misma investigación, se calcula que un niño, hasta los ocho años de edad, escucha la absurda cantidad de 100.000 «noes».

La palabra «no» provoca en nuestro cerebro una reacción paradójica, y puedes comprobarlo de la siguiente manera:

«No pienses en un hombre plantando un árbol».

97

¿Consigues «no pensar» en un hombre plantando un árbol? La paradoja de la historia es que tendemos a pensar exactamente en aquello en que se nos pide que no pensemos.

«No pienses en el color rojo.» ¿Consigues dejar de pensar en el color rojo después de leer esta frase?

\* \* \*

Analiza cuidadosamente tu desarrollo personal. ¿Cuáles fueron las cosas que te dijeron que no hicieras y que paradójicamente continúas haciendo en tu vida personal y profesional?

_____

_____

_____

_____

_____

¿Y cuáles son los «noes» que a veces prometes cumplir (por ejemplo: no fumar, no hablar de los demás, etc.), pero de los que continúas sin hacer caso?

_____

_____

_____

_____

_____

# 14

## Cambiar la ecología

### El desierto se transforma en bosque

Hacía casi cincuenta años que no visitaba su tierra natal. Durante su ausencia en un país lejano, muchas veces imaginaba que volvía a estar allí. Soñaba con disfrutar otra vez de las bellezas de aquel bosque, ver a los animales que vivían en él, oír cantar a los pájaros, saborear el agua límpida de los arroyos.

Pero cuando llegó tuvo una desagradable sorpresa. El antiguo bosque, devastado, se había transformado en un desierto. No había arroyos ni pájaros. Sólo los animales que sobreviven en las regiones más áridas. Los otros animales que vivían allí, llenando de vida aquellos parajes, habían muerto o habían emigrado a lugares más propicios.

Sin embargo, la mayor sorpresa no se la llevó él, sino su amigo de la infancia, que durante todos esos años había permanecido allí, al comprender que él intentaba lo imposible.

–¿No comprendes que cada ser tiene su hábitat, con sus compañeros de supervivencia? –le decía el viejo amigo, sorprendido al verlo buscando algo que hacía mucho que había dejado de existir–. ¿No ves que es absurdo querer encontrar a los animales del bosque por aquí, cuando hace años que esto es un desierto?

\* \* \*

Cuando se habla de ecología, la mayoría de las personas acostumbran pensar en algo externo, como el paisaje, la limpieza de un río, los animales en extinción, los residuos nucleares y la capa de ozono. Pero la ecología es el equilibrio de las condiciones de vida, y eso comienza dentro de uno mismo.

No sirve de nada imaginar determinado tipo de vida para ti si tus condiciones ecológicas personales lo hacen imposible.

Si tu autoestima está dañada, para continuar viviendo tienes que recurrir a mecanismos de compensación, lo que produce en tu vida una serie de deformaciones que ahuyentan a tus «animales de estima» (como las emociones y talentos, la creatividad y la alegría de vivir). Para que esos «animales» vuelvan, es necesario que tenga lugar un proceso de «reforestación emocional». Y lo primero que hay que realizar es la siembra, que es exactamente lo que estás haciendo al leer este libro. Pero, para que dé frutos, toda plantación debe ser regada cada día; precisa del sol, la luna, los nutrientes...

Para que un bosque se transforme en un desierto de un día para otro, con un incendio basta. Pero, ¿qué se requiere para que el desierto se transforme en un bosque? Irrigar el suelo, sembrar y realizar otros cambios. La planta no nace de un día para otro: el crecimiento es orgánico, aunque comience con la decisión de plantar una semilla.

El equilibrio ecológico empieza por la propia ecología, desde el punto de vista tanto físico como espiritual. La mejor forma de cambiar a otra persona es cambiando uno mismo. La mejor manera de cambiar el país es transformándome yo antes que nada.

Si me considero malo en cualquier aspecto de mi personalidad, paso a ser bueno. Si culpaba a mis padres por esa parte mala, ahora voy a elogiarlos por haber hecho de mí una persona tan buena. Al cambiar yo, todas las personas con las que me relaciono también podrán transformarse.

¿Cuáles son los cambios que puedes hacer para que tus padres sean diferentes, y para que tus hijos y tus amigos también sean mejores personas?

_____

_____

_____

_____

_____

\* \* \*

En el capítulo 11 hablamos del perdón y de las dificultades de perdonar. Por no querer hacerlo, nos quedamos atados a un problema que ya podría estar superado hace mucho tiempo. El perdón es, más que nada, una cuestión de inteligencia. Es una gran estupidez guardar rencor, negarse a perdonar a alguien, porque la mayor víctima de la falta de perdón es uno mismo. El rencor pesa y nos impide avanzar.

Vamos a hacer un ejercicio de perdón muy sencillo. Basta con declararlo por escrito. Si te parece que «no estás preparado para perdonar» (a tus padres, por ejemplo), hazlo igual. Se puede perdonar primero intelectualmente y luego con el corazón. Cuando lo declares por escrito comenzarás a ejercitar el perdón y te resultará más fácil perdonar con el corazón.

¡Aprovecha esta oportunidad!

Perdono a mi padre por:

_____

_____

_____

Perdono a mi madre por:

_____

_____

_____

Perdono a ............ por;

_____

_____

_____

Me perdono a mí mismo por:

_____

_____

_____

Si no tienes motivos para perdonar (a tu padre, a tu madre y a ti mismo), o no los recuerdas, invéntalos. Éste puede ser un ejercicio muy valioso para tu vida.

*El mejor modo de cambiar*
*a los demás*
*es cambiando uno mismo.*

Ahora imagina que has dejado tus problemas atrás y avanzas por un sendero florido. El cielo está azul, el sol brilla con suavidad, los pájaros cantan y un río cristalino corre junto al camino. Con esta imagen en tu mente, continúa el ejercicio respondiendo a las siguientes preguntas:

Admiro a mi madre por:

_____

_____

_____

Admiro a mi padre por:

_____

_____

_____

¿Qué motivos tengo para estar agradecido a mi padre?

_____

_____

_____

¿Qué motivos tengo para estar agradecido a mi madre?

_____

_____

_____

Si el niño que hay en mí pudiese hablar, ¿qué diría?

_____

_____

_____

Cosas que tuve que hacer cuando era niño para sobrevivir:

_____

_____

_____

¿Para qué me necesita el niño que hay en mí?

_____

_____

_____

Si fuese más cariñoso con el niño que hay en mí, ¿qué
haría de diferente en mi vida actual? (¿Pasearía más? ¿Anda-
ría descalzo? ¿Tomaría más helados? ¿Me subiría a los árbo-

les? ¿Iría más al cine? ¿Bailaría? ¿Me preocuparía menos? ¿Qué haría?)

_____

_____

_____

_____

_____

# 15

# Yo y mi cuerpo

## *Asumir mi templo*

En su biblioteca de diez mil volúmenes tenía todas las teorías que se habían hecho sobre el cuerpo humano, todos los tratados filosóficos sobre la dicotomía entre la mente y el cuerpo, el cuerpo y el alma, etc. Coleccionaba los volúmenes a medida que los iba estudiando, y se convirtió en un gran especialista en la materia.

Sin embargo, mientras esa multitud de conocimientos sobre el cuerpo humano se acumulaba en su cerebro, su cuerpo se iba volviendo rígido, oxidando, arrugando, los músculos perdían elasticidad y la sangre no conseguía irrigar bien su cerebro abarrotado de información.

En un tonto accidente, su cuerpo obeso se cayó de una pequeña escalera que utilizaba para llegar a los libros de las estanterías más altas. Sufrió una conmoción cerebral que le dejó como secuela una disfunción en la coordinación motora; imposibilitado para moverse, tuvo que volver a aprender a usar su cuerpo. El accidente afectó también algunas facultades cerebrales, como la memoria y la capacidad de aprender nuevas ideas complejas por vía intelectual y de discernir unas de otras.

Se vio obligado a realizar un largo proceso de fisioterapia, y comprendió que con cada pequeño avance el cerebro le volvía a abrir un pequeño circuito en las neuronas.

Por primera vez en su vida estaba aprendiendo realmente sobre su propio cuerpo.

\* \* \*

No *tenemos* un alma; *somos* un alma.

Tú tienes un cuerpo y un alma. Tu cuerpo es la parte material de tu «yo» durante los setenta o cien años que vivirás.

Tu cerebro está dentro del cráneo, y tu mente se extiende por todo tu cuerpo. El hecho de considerar el cuerpo y la mente o el cuerpo y el alma como cosas separadas contribuye a la insatisfacción y al estrés con que vive el ser humano hoy en día.

Para que la mejora de la imagen que tienes de ti mismo sea completa, debe estar integrada en el cuerpo como un todo; quedarse solamente en el intelecto es un ejercicio interesante, pero sin ningún provecho práctico. Es fácil comprender que al romper la dualidad entre la mente y el cuerpo y hacer «de todo, uno», se puede interferir en el cuerpo con la mente, y en la mente con el cuerpo.

\* \* \*

Aceptarse a uno mismo es uno de los grandes secretos de la evolución personal, y no hay autoaceptación completa si uno no acepta su cuerpo tal como es en estos momentos.

Para que se produzca la aceptación, primero es necesario identificar las partes de nuestro cuerpo que rechazamos, consciente o inconscientemente.

Antes de realizar el próximo ejercicio, relájate un poco cerrando los ojos y respirando lentamente durante unos minutos. Siente todo tu cuerpo, concéntrate en cada parte, desde los dedos de los pies hasta la parte superior de la cabeza.

Después, responde a las siguientes preguntas:

Las partes de mi cuerpo que tengo dificultades para aceptar son... (no vale escribir «todo el cuerpo». Anota cada parte por separado, y así tu grado de autoaceptación podrá mejorar bastante):

_____

_____

_____

No es fácil para mí admitir que... (por ejemplo, que mi hermano es más inteligente que yo, o que mi hermana es más bonita):

_____

_____

_____

Si tienes pensamientos recurrentes, indeseables, y sientes que no controlas ideas que te atormentan de cuando en cuando, cítalos aquí (ejemplos: «Voy a morir de sida», «Voy a ser asesinado», etc.):

¿En qué circunstancias tienes dificultades para aceptarte? (Por ejemplo: cuando te comparas con alguien física o intelectualmente, cuando te compras ropa nueva, cuando vas a una fiesta o cuando hablas en público.)

_____

_____

_____

\* \* \*

La fealdad y la belleza dependen del marco cultural. ¿Cómo se entiende si no que un indio se coloque un trozo de madera en la nariz o en los labios para aumentar su atractivo? ¿Besarías a un indio con ese adorno? Una india de la misma tribu probablemente lo haría.

Ser más atractivo es algo que se manifiesta de dentro hacia fuera. Aceptándose más, todo resulta más fácil.

\* \* \*

Así como en la historia con que comienza este capítulo hemos visto que no basta con acumular conocimientos en el cerebro sino que también hay que ejercitar el cuerpo, es bueno recordar que no basta con hacer gimnasia corporal, sino que también hay que ejercitar el cerebro.

¿Has hecho ya gimnasia cerebral? En mi libro *Viajar en el tiempo*\* (capítulo 5) hay un ejercicio que permite la integración de los hemisferios derecho e izquierdo y también de las partes anterior y posterior del cerebro. Vale la pena conocerlo y practicarlo.

Además del cerebro, la respiración es fundamental para nuestro equilibrio físico y mental. En momentos de descontrol emocional, te resultará más fácil superar cualquier problema si te acuerdas de respirar bien. Un ejercicio de respiración muy poderoso para armonizar el cuerpo y la mente es el siguiente:

Inspira con lentitud, contando mentalmente hasta seis.

Mantén el aire en los pulmones, contando mentalmente hasta seis.

Ahora espira, contando hasta seis mientras el aire sale lentamente de los pulmones.

Inspira de nuevo, contando hasta seis.

Repite estos pasos seis veces: inspirar contando hasta seis, mantener el aire contando hasta seis, espirar contando hasta seis y nuevamente inspirar y luego espirar.

Este simple ejercicio te proporcionará una mayor oxigenación cerebral, haciendo que tu cerebro piense con más facilidad y creatividad.

En cualquier situación de estrés, si tienes la oportunidad de hacer la respiración 6/6 (y siempre se puede hacer, sólo hay que quererlo), te sentirás aliviado instantáneamente.

La respiración es un gran instrumento que utilizamos sin cesar y que nos mantiene vivos. Imagina lo bien que te

\* Publicado por Ediciones Urano.

sentirás cuando respires mejor de lo que lo haces actualmente...

### No tenemos un alma;
### somos un alma.

* * *

Imagínate que eres el propietario de un caballo de carreras que vale un millón de dólares. ¿Lo alimentarías con cualquier cosa? Claro que no. Seguro que te ocuparías de proporcionarle el mejor alimento, con buenos nutrientes, y que consultarías al veterinario.

Y tu cuerpo, ¿cuánto vale para ti? ¿Vale más que el caballo de carreras? Entonces, vale mucho más de un millón de dólares, ¿no es así? ¿A cambio de qué cantidad dejarías que te sacasen un ojo? ¿Quinientos mil dólares? ¿Cinco millones? Estamos hablando sólo de un ojo... ¿Y los dos? ¿Y las orejas, la boca, la nariz y las otras partes vitales que no es necesario citar...? ¿Diez millones? ¿Cien?

En realidad, el valor de tu cuerpo es como el valor del rey en el juego de ajedrez. No tiene precio. Es un valor absoluto. Su precio es la propia vida.

Por lo tanto, teniendo en cuenta que posees un cuerpo de un valor incalculable, ¿te preocupas por lo que comes de la misma forma en que te preocuparías por el caballo de un millón de dólares? ¿Menos? ¿Más? Generalmente te preocupas menos, ¿no es verdad?

«El hombre es lo que piensa y lo que come.» (Para más detalles sobre la armonía corporal y la alimentación véase mi libro *Adelgazar comiendo*.)*

* Publicado por Ediciones Urano.

# 16

# Aumentar las cualidades para que nadie vea los defectos

## Despertar mi divinidad

La liebre vivía vanagloriándose de ser el animal más rápido del bosque:

–Ninguno de vosotros puede correr más rápido que yo –decía siempre que se encontraba con otros animales.

Un día iba corriendo cuando vio a la tortuga que caminaba lentamente. Comenzó a burlarse de ella, y la desafió a una carrera.

Para sorpresa de todos los habitantes del bosque, la tortuga aceptó el desafío.

–Te apuesto, amiga liebre, a que puedo llegar a la meta antes que tú.

–¿Antes que yo, comadre? ¡Ja, ja, ja! ¿Habéis oído? ¡Qué tonta! –exclamó la liebre.

–Tonta o no, te lo apuesto.

Así quedó concertado. Al día siguiente, todos los animales se reunieron para asistir a la carrera.

La liebre llegó riéndose y no cesaba de exhibirse antes

de comenzar la carrera. La tortuga se situó con parsimonia en la línea de partida.

Apenas comenzó la carrera, en pocos segundos la liebre ya había desaparecido en la curva. Corrió un buen trecho, distanciándose tanto que decidió detenerse para poder luego vanagloriarse aún más.

Doña tortuga proseguía su camino con lentitud y perseverancia.

La liebre, creyéndose con la victoria en la mano, se detuvo al sol y comenzó a rascarse, pensando en todo menos en la carrera. De repente abrió los ojos y vio a la tortuga que, con sus pasitos cortitos, ya estaba llegando a la meta. Salió disparada como una flecha, saltando con toda la fuerza de sus largas piernas, pero la tortuga llegó la primera.

–¿De qué te sirve correr tanto? –le dijo la tortuga a la liebre–. ¡He llegado a la meta antes que tú! ¿Y qué harías si llevases la casa a cuestas como yo?

Poco se consigue con correr; lo importante es salir a tiempo y seguir siempre hacia delante en la dirección correcta.

* * *

Un detalle que poca gente tiene en cuenta de esta famosa historia es que el secreto de la victoria de la tortuga fue que, en lugar de concentrarse en su lentitud, que era su punto débil, se concentró en cualidades como la perseverancia y la firmeza.

Por otra parte, lo que sucede con la liebre nos muestra que no basta sólo con concentrarse en las propias cualidades, sino que, por encima de todo, hay que hacer que las cosas pasen, crear realidad, y también ver siempre las cualidades de los demás en lugar de ver solamente los defectos.

Concéntrate en tus cualidades y no en tus puntos débiles y te sorprenderá tu poder para crear realidad. Claro que esto no significa que te engañes a ti mismo insistiendo en hacer cosas que no son exactamente «lo tuyo». Recuerda el ejemplo del jockey y el jugador de baloncesto de mi libro *El éxito no llega por casualidad:*\* si tienes 2,10 m, no pienses en ser jockey y sí jugador de baloncesto. Y si mides 1,50 m, podrás ser un buen jockey, pero muy difícilmente un buen jugador de baloncesto...

Si tienes dotes artísticas, no te estrujes el cerebro con las matemáticas avanzadas.

\* \* \*

Piensa en alguien a quien admires mucho y anota aquí los motivos de esa admiración. ¿Cuáles son las cualidades que admiras en esa persona?

_____

_____

_____

_____

_____

_____

\* Publicado por Ediciones Urano.

Ahora añade esas cualidades a las tuyas en la lista de más abajo, y si quieres, incluye también otras cualidades que desearías tener.

En este ejercicio, vale exagerar. Puedes hacerlo escribiendo mejores cualidades de las que tienes actualmente, siempre que quieras tenerlas. Procura escribir muchas, pues cuantas más cualidades haya en tu lista, mayor será tu autoestima desde este mismo momento.

Mis principales cualidades son :

_____

_____

_____

_____

_____

_____

_____

_____

La mejor forma de librarse de los defectos es aumentar las cualidades, ya que los defectos se diluirán en ellas. Por ejemplo: Winston Churchill tenía dificultades para expresarse y le resultaba muy difícil hablar en público, pero tenía tanto espíritu patriótico y voluntad de liderar su país, y tantas cosas para decir, que, a pesar de sus problemas de dicción, se transformó en uno de los mayores oradores de la historia.

*Si tienes dotes artísticas,*
*no te estrujes el cerebro*
*con las matemáticas avanzadas.*

\* \* \*

—¡Ah, si tuviese talento para la música!

—¡Ah, Dios mío, si tuviese talento para ser un científico...!

Muchas personas se lamentan por no tener talento, como si éste cayese del cielo o surgiese de pronto. ¿Crees que un pianista se levanta un buen día y comienza a tocar así sin más?

El talento es un 10 por ciento de inspiración y un 90 por ciento de transpiración. Hay que sudar para que el talento se manifieste.

Reflexiona más a fondo y descubrirás que eres mucho más talentoso de lo que piensas. Confírmalo con tus amigos.

# 17

# Modificar mi destino

## *Hablar con el responsable*

Un poderoso hacendado, que se consideraba dueño de la verdad, acertaba en muchas cosas, pero en otras era autoritario e injusto.

Un día llamó a su única hija y le dijo:

—Todo lo que tengo es tuyo o lo será. Como soy tu padre, determino tu destino. Por eso elegiré un buen novio para ti, el hijo de una familia rica como la nuestra, de modo que vuestra unión aumente aún más la riqueza y el poder de nuestras familias. Y quiero que hasta que te cases te dediques enteramente a esta hacienda y me obedezcas en todo.

La joven escuchó en silencio, pensó un poco y luego respondió:

—Padre, te tengo todo el respeto y la admiración que una hija pueda sentir por su padre. Estoy agradecida de haber venido al mundo como tu hija y de todo lo que he aprendido con el padre y la madre que tengo. Pero no puedo aceptar que tu voluntad determine mi destino.

119

—Exijo que me obedezcas, o no te consideraré más mi hija —gritó el padre, furioso.

—Padre, no me voy a casar con alguien a quien no conozco sólo porque tú lo mandes. Tengo otros planes para mi vida. Quiero...

—No quieres nada, porque aquí quien tiene que querer soy yo —gritó el hombre.

Al día siguiente la expulsó de su casa y de la tierra donde vivía. Pero para que nadie lo criticara, le dio oficialmente unas tierras para vivir y trabajar, aunque era un terreno totalmente inhóspito, un charco pedregoso imposible de cultivar, con una choza solitaria que se caía a pedazos.

Allí la joven aprendió arduamente a cortar leña y a segar; haciendo economías, se abastecía de lo básico para su alimentación y comenzó a estudiar la forma de producir algo en aquella tierra.

Cuando se dio cuenta de que en el charco había ranas, investigó por correspondencia, en una biblioteca universitaria de la capital, todo lo que se había publicado sobre el tema, y comenzó a dedicarse a la cría de ranas y caracoles. Fue adaptando el lugar poco a poco mientras ampliaba la producción y empezó a investigar otras posibilidades.

Un año después, su producción le proporcionaba lo suficiente para vivir confortablemente, con la casa reformada. Dos años más tarde ya mantenía contactos comerciales por ordenador con varios países, negociando la exportación de ranas, caracoles y... maravillosas orquídeas.

Durante ese tiempo, la hacienda de su padre sufrió un duro revés. Después de perder en el juego una buena parte de sus propiedades, se quedó sin recursos para invertir. La hacienda se estancó. Los recursos menguaron aún más y las deudas comenzaron a acumularse.

Como siempre oía hablar de la prosperidad de su hija, se decidió a visitarla por primera vez desde que la había echado de casa, para proponerle que formaran una sociedad, en caso de que ella pudiese colaborar en esa difícil etapa que la hacienda estaba atravesando, ya que, al fin y al cabo, ella era su heredera.

La joven lo recibió con gentileza y aceptó la propuesta que le hacía su padre con una condición: dirigir todos los negocios de la hacienda.*

> **No se gana ni se pierde**
> **hasta que no se apuesta.**

\* \* \*

No importa lo que te haya pasado en tu vida; tú tienes el poder suficiente dentro de ti para trascender y reinterpretar tu pasado.

Todo lo que te ha sucedido y está registrado en tu mente como un trauma, en realidad puede transformarse en una experiencia de la vida, en una enseñanza.

Has de estar sinceramente agradecido por todo lo que te ha pasado. Tenía que ser como fue, y no de otro modo. Tú fuiste como fuiste porque eres como eres.

El presente puede crear el pasado (véase mi libro *Viajar en el tiempo*).\*\*

Tú eres responsable, directa o indirectamente, de casi todo lo que sucede en tu universo físico. Eres responsable de las cosas malas y de las cosas buenas de tu vida.

Pero si una persona tiene un cáncer, por ejemplo, ¿cómo

---

\* Historia basada en el cuento sufí «La princesa obstinada».
\*\* Publicado por Ediciones Urano.

va a estar agradecida por eso? Es simple. Aceptando que, de una forma u otra, ese cáncer será una oportunidad de adquirir la habilidad de librarse de él. Así tendrá muchas más posibilidades de curarse.

# 18

# Me quiero tal como soy

## *Pensar jerárquicamente*

Durante toda la vida ha soñado con encontrar oro. No hacía más que pensar en ello. La idea no se le iba de la cabeza desde que se despertaba. Pensaba en ello mientras comía, y también mientras dormía. No paraba de pensar en encontrar oro.

Como no tenía medios para buscarlo, decidió vender todo lo que tenía, su casa y sus muebles, y se fue para el noroeste del país a buscar oro. Allí, durante años, cavó, cavó y cavó, y no encontró nada.

Sin medios para seguir buscando, volvió a su ciudad, donde por lo menos tenía familiares que podían acogerlo.

Al volver supo que el comprador de su casa, cuando comenzó a hacer obras para reformarla, había encontrado una gran cantidad de oro al cavar un hoyo en el huerto, y se volvió millonario.

\* \* \*

Ahora tienes la oportunidad de descubrir la pepita de oro que existe (que siempre existió) dentro de ti. Basándote en todo lo que te sucedió en la infancia, en todo lo que aprendiste, en tus muchas cualidades, y en los ejercicios y las declaraciones positivas que has hecho a lo largo de la lectura de este libro, vas a escribir una carta de amor dirigida a ti mismo, en la que expreses todo lo que amas en ti.

Sí, eso mismo. Estás muy enamorado de esa persona que eres tú.

Comienza la carta así: «Querido (o querida)...». Escribe tu nombre y no reprimas nada de lo que quisieras decir en una declaración de amor a ti mismo. Y como las personas enamoradas tienden a exagerar, porque eso es lo que sienten sinceramente, por favor, exagera. Todo lo que digas de positivo, aunque sea inventado, será utilizado por tu mente en tu favor, para aumentar tu autoestima. Por lo tanto, no te cortes; tú eres una persona merecedora de todo tu amor.

Utiliza las páginas siguientes para escribir tu carta. Una vez escrita, recorta la hoja y guárdala en un sobre cerrado. Siempre que lo desees, ábrelo y relee tu carta, pero no se la muestres a nadie. Como sucede con las mejores cartas de amor, es para ser leída sólo por quien la envía y por quien la recibe: **tú**.

*Cuando te quieres más,*
*el mundo te quiere más*
*y tú quieres más al mundo.*

_____

_____

_____

*Si desea información sobre los cursos y*
*seminarios del doctor Lair Ribeiro, diríjase a:*

**Argentina:**
GI Consultores de empresas
Hipólito Yrigoyen, 2900 - p. 13 - Dto. "F"
C1207ABN Ciudad de Buenos Aires
Tel/fax: (541) 4931-6967
correo electrónico: graiglesias@ciudad.com.ar

**Chíle:**
Ediciones Urano
Av. Francisco Bilbao, 2809
Providencia - Santiago de Chile
Tel. (562) 341 67 31 - Fax (562) 225 38 96
correo electrónico: chile@edicionesurano.com

**España:**
Lair Ribeiro Training
Córcega, 459, ático
08037 Barcelona
Tel. (34) 93 207 10 03 Fax: (34) 93 207 48 06
correo electrónico: info@servisalud.com

**México:**
Ediciones Urano
Carmen, 23 (Colonia Chimalistac)
01070 Del. A. Obregón - México D. F.
Tel. (525) 661 07 54 - Fax (525) 661 68 91
correo electrónico: mexico@edicionesurano.com

**Venezuela:**
Ediciones Urano
Avda. Luis Roche - Edif. Sta. Clara, P. B. Altamira Sur
1062 Caracas
Tel. (582) 264 03 73 - Fax (582) 261 69 62
correo electrónico: venezuela@edicionesurano.com